지식역사

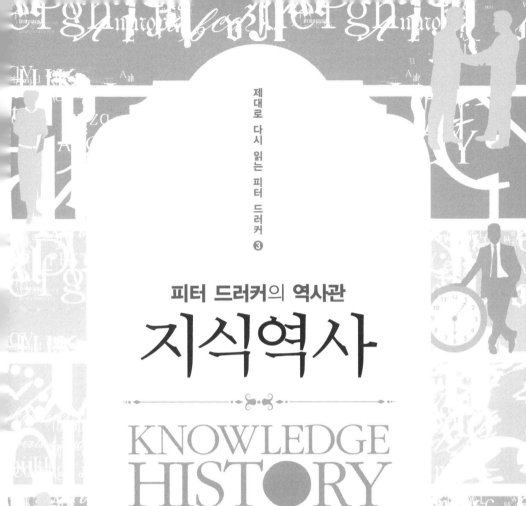

제대로 다시 읽는 피터 드러커 ❸

피터 드러커의 역사관

지식역사

KNOWLEDGE HISTORY

| 이재규 지음 |

한국경제신문

역사는 삶의 스승이다(Historia vitae magistra).

-야콥 부르크하르트(Jacob Burckhardt, 1818~1897)

인간이 소유한 진정한 보물은 그 자신이 저지른, 수천 년 동안 돌 하나 돌 하나
쌓아올린 석탑 같은, 실수라는 보물이다……. 과거와 단절하고 다시 해보려는
욕심은 인간의 능력을 저하시키고 오랑우탄처럼 실수를 되풀이하게 한다.
1860년 "연속성은 인간이 누릴 특권들 가운데 하나다. 고맙게도 그것이 바로
인간과 짐승을 구분해주는 것이다."라고 용감하게 외친 사람은 혁명의 본거
지인 프랑스의 경제학자 듀폰 화이트(Charles Brook Dupont White, 1807−1878)
였다.

-호세 오르테가 이 가세트(José Ortega y Gasset, 1883~1955)

지식생산성 향상은 피를 흘리는 혁명을 필요로 하지 않는다.

-피터 드러커(Peter F. Drucker, 1909~2005)

역사 발전의 원동력은 지식이다

올해는 현대 경영학의 아버지로 불리는 피터 드러커의 탄생 100주년이 되는 해다. 드러커는 1946년 최초의 경영서 《기업의 개념》을 출판한 이래, 《경영의 실제》(1954), 《창조하는 경영자》(1964)를 발표했고, 그리고 《매니지먼트: 경영의 과업, 책임, 실제》(1973)를 통해 현대 경영학의 체계를 완성했다. 그 후로도 많은 경영 저술들을 출간했고 《HBR(Harvard Business Review)》 등을 통해 경영 논문을 발표했다. 90세가 되는 1999년에는 지식근로자의 생산성 향상방법을 제시한 《21세기 지식경영》을 발표하기도 했다. 이러한 저술작업으로 인해 일반 사람들은 드러커가 경영에만 관심을 가졌던 것으로 알고 있지만 이것은 중대한 오해다.

드러커가 발표한 최초의 논문은 1924년 15세의 나이에 빈의 한 살롱에서 발표한 〈파나마 운하가 세계무역에 미친 영향〉으로서, 비록 출판되지는 않았지만 드러커는 이 논문을 손질하여 1927년 함부르크

대학교 입학자격 논문으로 제출했다. 활자로 인쇄된 드러커의 최초의 저서는 1933년 독일의 튀빙겐출판사가 《독일의 법과 정치》 시리즈 100호 기념으로 출간한 소책자 《프리드리히 율리우스 스탈: 보수주의적 국가이론과 역사발전》이었다. 이 소책자는 2002년 7월 《소사이어티》에 영어로 번역 수록되었다. 그리고 독일에서는 드러커의 스탈에 관한 논문 발간 70주년 기념으로 2004년 헤르만 지몬(Hermann Simon) 외 7인의 교수들이 《피터 드러커, 효율적 경영의 주요 미덕》이라는 제목의 논문집을 출판했다.

드러커는 1927년 함부르크 대학교를 다니면서 주로 대학 도서관에서 시간을 보냈는데, 법 아래서의 자유를 주장한 법철학자 프리드리히 율리우스 스탈을 비롯하여 덴마크의 종교 사상가이자 실존주의 철학의 창시자 세렌 키르케고르(Soren Kierkegaard, 1813~1855), 1809년 세계 최초의 근대 대학인 베를린대학(지금의 훔볼트대학교)을 창설한 빌헬름 폰 훔볼트(Wilhelm Von Humbolt, 1767~1835), 프로이센 주도로 독일을 통일하려고 노력했던 최초의 정치가 요제프 라도비츠(Joseph Von Radowitz, 1787~1853) 등 독일의 사상가들에게 관심을 기울였다.

드러커는 또한 보수주의 철학에 심취했는데, 특히 근대적 체계를 갖춘 보수주의 이념의 기초를 확립한 영국의 의회주의자 에드먼드 버크(Edmund Burke, 1729~1797), 반(反)혁명 국제적 동맹체제를 구축한 오스트리아 재상 메테르니히(Metternich, 1773~1859), 《미국의 민주주의》의 저자 알렉시스 드 토크빌(Alexis de Tocqueville, 1805~1859), 《영국의 헌법》을 펴낸 보수적 자유주의자 월터 배젓(Walter Bagehot,

1826~1877) 등을 깊이 연구했다. 드러커가 함부르크 대학교에서 법률을 공부하면서 수강한 해사법(海事法, admiralty law) 강좌는 서구역사, 사회, 기술, 법사상, 경제학 등을 포괄하고 있었는데, 이는 나중에 드러커가 경영학의 원칙을 가르칠 때 학습법의 원형이 되었다고 한다.

드러커는 그 후 프랑크푸르트 대학에서 법학박사 학위를 취득했으며, 영국에서는 케인스에게 경제학을 배웠고, 미국에서는 사라 로렌스 대학과 베닝턴 대학에서 경제학, 통계학, 철학, 역사를 강의했다. 드러커는 차츰 경영학에 관심을 기울였지만, 많은 경영 저술과 논문에서 논리 전개에 필요한 역사적 해설을 곁들였다. 예컨대 《경제인의 종말》(1939)에서는 '전체주의의 기원'을 역사와 경제학의 관점에서 서술했고, 《산업인의 미래》(1942)에서 '1776년의 보수주의적 반혁명', '루소에서 히틀러까지 전체주의 사상가들'을 포함시켰다. 《기술, 경영, 사회》(1958)에서 '기술혁명의 역사적 교훈'을 제시했으며, 《단절의 시대》(1968)에서는 역사와 사회의 '연속과 단절' 현상을 설명했다. 《격변기의 경영》(1980)에서는 '주권의 종말'을, 《새로운 현실》(1989)에서는 '사회에 의한 구제의 종언'과 '러시아 제국의 붕괴'를 역사적인 필연성의 결과로 분석하고 예측했다. 《자본주의 이후의 사회》(1993)에서는 '자본주의 사회에서 지식사회로' 변하는 과정을 설명했다.

달리 말해, 역사철학자 딜타이(Wilhelm Dilthey, 1833~1911)가 역사를 문화적 관점에서 해석하고 콜링우드(Robin G. Collingwood, 1889~1943)가 역사와 철학을 한데 묶으려고 시도한 것처럼, 드러커는 역사의 변화 또는 원동력을 '지식의 의미와 역할의 변화과정'으로 설명하는 학문적 업적을 남겼다.

요컨대 이 책은 피터 드러커의 역사철학을 '지식역사관'이라는 관점에서 정리한 것이다. 이 책은 동서양의 역사를 포괄적으로 다루는 것이 아니라, 역사 발전 또는 역사 변화의 원동력은 '지식의 의미와 기능의 변화'에 있었다는 피터 드러커의 역사 변동관에 입각하여 해설한 것이다. 물론 대부분의 서술과 논리전개는 필자가 드러커의 저술들을 번역하고 연구하면서 터득한 드러커의 역사적·사회적·경제적·철학적 통찰을 '역사의 원동력은 지식'이라는 관전에서 종합한 것이지만, 필자 나름의 기여가 없는 것은 아니다. 굳이 덧붙이자면, 딜타이는 많은 문제를 해결하지 않은 채 남겨두었지만 그가 죽은 뒤 제자들이 편찬서와 해설서를 출간함으로써 비로소 그의 역사철학이 가치를 얻게 된 것처럼, 이 책은 드러커의 역사관을 최초로 정리하고 종합하는 데 기여했다고 말하고 싶다.

《자본주의 이후의 사회》를 시작으로 《넥스트 소사이어티》까지 피터 드러커의 많은 저서들을 번역할 기회를 주시고, 또 어려운 출판환경에도 불구하고 이 책을 펴낼 기회를 주신 한경BP 김경태 사장에게 고마움을 표시한다.

2009년 10월
이재규

■ 차례

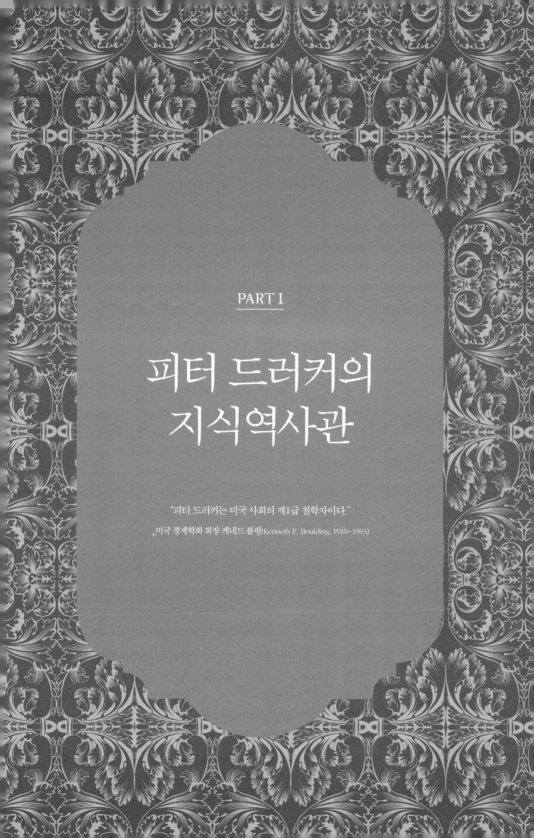

PART I

피터 드러커의
지식역사관

"피터 드러커는 미국 사회의 제1급 철학자이다."

_미국 경제학회 회장 케네드 볼링(Kenneth E. Boulding, 1910~1993)

chapter 01

무엇이 역사를
움직이는가?

역사철학자 피터 드러커

현대 역사 사상가들은 실제로 일어난 역사적 사건의 기술(記述)보다
는 그런 사건들에서 핵심개념을 설명하는 데 관심을 기울이는 경향
이 있다. 그리고 역사철학자를 "역사에서 어떤 종류의 패턴을 발견하
려고 시도하는 사람"이라고 정의한다면, 피터 드러커(Peter F.
Drucker, 1909~2005)는 그 중 한 자리를 차지한다.

　드러커는 일관성 있게 역사를 연구한 사람은 아니지만(그의 관심 분
야가 다양했기 때문에 제대로 평가받지 못한 면이 있다), 역사철학자로서
21세기 역사의 전개방향과 과정을 짐작하게 하는 통찰력을 보여주었

다. 드러커는 《자본주의 이후의 사회(Post-Capitalist Society)》에서 역사 발전의 원동력을 '지식에 대한 패러다임의 변화'에서 찾았다.

"서양에서도 동양에서도 지식이란 항상 어떤 '존재하는 사물'에 대해 적용되는 것으로 보았다. 그것이 어느 순간 갑자기 '행동'에 적용되게 되었다. 지식 그 자체가 자원이 되고 효용이 되고 말았다. 과거에 지식은 언제나 사유재산이었다. 어느 한 순간에 지식은 공공재산이 되어버린 것이다."

드러커의 이런 주장은 이 책에서 중심 주제로 다루어질 것이다.

드러커는 역사가로서 자신의 위치를 천명한 적은 없다. 하지만 필자는 드러커를 비판적 역사철학자로 분류하고 또 그의 역사관을 '지식역사관(the Knowledge View of History)'이라 이름 붙이고자 한다. 드러커를 이 역사철학자의 범주에 포함하는 이유는, 그가 역사를 있는 그대로 실증적으로 서술하지 않고 '지식'이라는 관점에서 재해석했기 때문이다. 또 그는 역사의 원동력을 "지식의 의미 변화와 역할의 변화"에서 찾았는데, 이 범주에 속하는 역사철학자들로서는 토크빌, 딜타이, 크로체(Benedetto Croce, 1866~1952), 콜링우드 등이 있다.

드러커는 빌헬름 딜타이(Wilhelm Dilthey, 1833~1911)와 같이 역사, 철학, 문학에 대해 광범위하게 연구했고 음악과 미술에도 큰 관심을 보였다. 뿐만 아니라 사회학, 심리학, 경제학 등에서 밝혀진 모든 이치를 받아들이는 데 힘썼다. 드러커의 역사관은 딜타이와 마찬가지로 개인적 체험의 창조적 표현을 토대로 한다. 딜타이는 많은 문제를 해결하지 않은 채 남겨두었고, 죽은 뒤에 제자들이 펴낸 편찬서와 해설서를 통해 비로소 그의 역사철학이 가치를 지니게 되었는데, 드러커의 역사관은 후학의 연구를 기다리고 있다는 표현이 타당할 것이다.

드러커의 역사 연구의 출발은, 베네데토 크로체가 파시즘을 연구한 것과 마찬가지로 '전체주의의 기원'을 밝힌 《경제인의 종말(The End of Economic Man)》(1939)로서, 파시즘에 대한 거부와 비판을 담았다. 드러커는 우리 사회에 파시즘이 되살아날 것을 우려했으며, 국민의 부(富)를 증가시키는 것으로써 파시즘의 등장을 막을 수 있다고 보았으며, 부를 창출하는 '기업과 경영'에 대해 연구하게 된다.

드러커는 크로체와 후쿠야마처럼 '새로운 인간 모델은 무엇인가?' 하는 데에 관심을 가졌고, 본인 연구와 활동이 사회적 발전에 기여하는 것이기를 바랐다. 그러나 자신의 역할의 한계를 분명히 하여 학문적 후계자는 없다고 단언했고, 학문적 도그마에 빠지지 않았으며, 여러 측면에서 학문적 기업가가 등장하기를 기대했다. 크로체처럼 드러커의 말년도 평화롭고 부지런했는데, 누군가 그의 보행을 도와주면 "그냥 두세요. 이것이 내가 마지막으로 할 수 있는 운동이요."라고 했다. 드러커는 타계하기 일주일 전까지 펜을 놓지 않았다.

드러커의 역사관 : 연속과 변화

야콥 부르크하르트(Jacob Christoph Burckhardt, 1818~1897)는, 역사학이란 역사의 맨 처음이 언제였는지 밝힐 수 없으며 그 종말도 말할 수 없는 불확실한 학문이라고 보았다.

드러커는 부르크하르트의 이런 견해를 받아들여 《경제인의 종말》에서 '경제인 모델(economic man model)'이 종말을 맞고 자본주의가 수정될 것이라 보았지만 마르크스(Karl Marx, 1818~1883)처럼 공산주의가 역사의 귀결이라고 보지는 않았다. 오히려 마르크스주의의 실패가 나치즘과 파시즘을 불러들였다고 분석하고 있다. 드러커는 프랜시스 후쿠야마(Francis Fukuyama, 1952~)가 《역사의 종말(The End of History and The Last Man)》에서 주장한 자유민주주주의의 영원한 승리도 받아들이지 않았다. 따라서 드러커의 역사관은 종말론도 아니다. 드러커는 사회의 제반 문제는 새로운 지식과 기술의 등장으로 인해 궁극적으로 좋은 방향으로 진전된다고 보았기 때문에 퇴보사관도 물론 아니다.

드러커는 역사의 진행을 '연속과 변화(continuity and discontinuity)'의 과정으로 보았다. 한 역사는 다음 역사로 넘어갈 때 '역사의 경계(historical divide)'를 지나 일정 기간 혼란과 변화 또는 단절의 시대를 겪은 뒤 장기간 연속 상태가 지속된다고 보았다. 이는 일견 순환사관과 유사한 듯 보이지만, 드러커는 인류의 역사는 더 나은 방향으로 진보한다는 입장을 유지했다. 따라서 드러커의 역사관은 종말론, 퇴보사관, 순환사관을 배제한 진보사관에 가깝긴 하지만 역사의 언속과 변화를 강조하고 있다는 점에서 구별된다.

드러커의 인간 모델 : 지식근로자

'지식산업(knowledge industry)', '지식작업(knowledge work)', '지식근로자(knowledge worker)' 등과 같은 용어들은 1960년경 거의 동시에 등장했으나 서로 연관성 없이 사용되기 시작했다. 첫 번째 것은 프린스턴대학교의 프리츠 맥컬럽(Fritz Machlup, 1902~1983)이 빈에서 열린 미제스의 프리바트 세미나에 참석했을 때 처음 사용한 용어이고, 두 번째와 세 번째는 드러커가 처음 사용한 것이다.

드러커는 지식이 새로운 핵심자원으로 자리하고, 부와 일자리의 창출자로 이동하고 있는 현상에 대해 《새로운 사회(The New Society)》(1950)에서 처음 언급했다. 지식사회, 지식경제, 지식근로자라는 용어들은 《내일의 이정표(The Landmarks of Tomorrow)》(1957)에서 처음 사용했다. 그 뒤 《단절의 시대(The Age of Discontinuity)》(1969)에서는 육체작업과 수공업 기술에 기반을 둔 사회, 경제, 정치체제가 지식과 지식근로자에 기초하는 방식으로 이동하고 있는 현실의 의미를 분석하고자 했다. 그 후 《새로운 현실(The New Realities)》(1989)과 《자본주의 이후의 사회(Post-Capitalist Society)》(1993)에서는 확신을 가지고 종합했다.

지식에 기초한 이런 폭넓은 이동과 변화가 완전히 실현되었다고 하기에는 아직 이르다. 아득한 옛날부터 대다수의 사람들은 자신의 육체를 이용한 직접적인 노동으로써 생계를 해결했고, 이런 방식은 제1차 대전에 이르기까지 선진적인 국가에서도 여전한 현실이었다. 그러나 19세기에서 20세기 초까지 노동자들은 농업용 토지를 떠나 공장으로 이동하기 시작했는데, 이런 산업혁명은 전례 없는 사회혁명이자 인간조건의 중요한 변화였다. 실질적으로 그 이동은 노동자들이 도구를 손에 쥔 것이 아니라 도구가 있는 곳(즉 휴대할 수 없는 새로운 도구인 증기기관이 있는 공장)으로 옮겨간 형태였다. 하지만 산업사회에서 역시 작업 자체는 거의 변하지 않았다. 작업은 여전히 손으로 처리되었으며, 과거의 것과 동일한 소도구와 숙련을 필요로 했다. 1913년 헨리 포드(Henry Ford, 1863~1947)가 컨베이어벨트를 이용한 '대량생산' 방식을 선보이면서 겨우 어느 정도 의미 있는 변화가 일어났다. 하지만 오늘날 정치 시스템은 어느 나라에서든 육체노동자 또는 농업 노동력이 압도적으로 다수라는 가정에 기초하고 있다. 일본과 프랑스가 가장 심각하고 미국에서도 여전히 우세하다.

그러나 지금까지 농촌 인구가 5퍼센트를 넘는 선진국은 없다. 반면 지식근로자는 이미 모든 선진국 인구의 반을 넘어서고 있다. 따라서 지식작업과 지식근로자로의 이동은 진정한 단절이고 진정한 역사적 분기점이다. 그리고 그것은 새로운 사회조건과 새로운 인간조건을 창조한다. 우리는 이런 변화에 적응한 단계는 아니며 가까스로 이 변화를 탐구하기 시작했다. 드러커는 앞으로 노동력의 중심으로서 인간의 모델을 '지식근로자'로 설정했는데, 《자본주의 이후의 사회》에서 다음과 같은 내용을 주장했다.

자본이나 천연자원(경제학자들이 말하는 '토지') 또는 노동은 이제 더이상 기본적인 경제적 자원(경제학적 용어로는 '생산수단')이 아니다. 새로운 생산수단은 '지식'이며 앞으로도 그러할 것이다. 따라서 부(富)를 창조하는 중심활동은 생산적인 곳에 자본을 배분하는 것도 아니고 노동을 투입하는 것도 아니다. 자본과 노동은 19세기와 20세기 경제이론에서 가치를 창출하는 두 개의 축이었다. 이제 가치는 '생산성' 향상과 '혁신'에 의해 창조되는데, 생산성과 혁신은 지식을 작업에 적용한 결과다. 지식사회의 주도적 사회집단은 '지식근로자'인데, 그들은 생산적인 곳에 자본을 배분할 줄 아는 자본가처럼 생산성 있는 곳에 지식을 배분할 줄 아는 지식 경영자, 즉 지식 전문가이며 지식 피고용자들이다.

이런 모든 지식인들은 조직들에 의해 고용될 것이다. 그렇지만 자본주의 체제 하의 피고용자들과 달리 그들은 '생산수단'과 '생산도구'를 함께 가지고 있다. 전자의 경우, 단 하나의 진정한 소유주로서 모든 선진국에서 급속히 확대되고 있는 연금기금을 통해서이고, 후자는 지식근로자들로서 지식을 소유하였기 때문에 원하는 곳 어디에서든 일할 수 있다. 그러므로 자본주의 이후 사회의 '경제적 도전'은 지식작업과 지식근로자의 생산성일 것이다.

한편 자본주의 이후 사회의 제2의 계급, 즉 서비스근로자의 존엄성은 자본주의 이후 사회의 '사회적 도전'이 될 것이다. 고도로 발달한 선진국들은 말할 것 없이 모든 나라에서 서비스근로자들은 숫자상 다수를 차지할 전망인데, 그들은 지식근로자가 되는 데 필요한 교육을 받지 못한 계층이다.

역사의 원동력은 무엇인가?

공중에 떠 있는 모든 물체가 땅으로 내려앉고 지상의 모든 구축물이 궁극적으로 허물어지는 원인은 중력 때문임을 뉴턴은 증명했다. 이와 같은 논리로써 많은 역사철학자들은 역사운동의 법칙을 찾으려고 노력했다. 도대체 역사를 움직이는 힘은 무엇인가?

어떤 이들은 '하나님(또는 신)'이 피조물인 인간과 사회를 움직인다(역사한다)고 설득하려 한다. 요컨대 기독교 사관은 '하나님의 계획'이 역사의 원동력이라는 것이다. 중국의 어느 역사가는 고대부터 국가의 흥망성세가 모두 전쟁으로 비롯되었으며, 전쟁을 통해 화합과 단결이 이루어지거나 민족융합이 있었다고 보았다. 제자백가 사상의 원류도 부국강병이라는 점을 들어 '전쟁'이 역사발전의 원동력이라 보았다.

지나간 역사를 살펴보면, 어떤 개별 인간들이 역사를 지배했는가 또는 지배당했는가 하는 질문도 가능하다. 먼저 '개인'이 그 원동력이라고 주장하는 사람들이 있는데, 예컨대 역사는 카이사르, 칭기즈칸, 세종대왕, 나폴레옹 등 영웅의 활동에 의해 창조된다고 설명한다. 다시 말해 역사의 법칙이 개인을 지배하는 것이 아니라 개인(영웅)이 역사를 자기가 원하는 방향으로 이끈다는 주장이다. 이런 관점을 '영웅사관(the Great man theory, the Heroic View of History)'이라 하는데, 그 주장을 펼친 사람으로는 토머스 칼라일(Thomas Carlyle, 1795~1881)을 대표로 하여 헤겔(Georg Hegel, 1770~1831), 니체(Friedrich Nietzsche, 1844~1900), 슈펭글러(Oswald Spengler, 1880~1936), 그리고 시오노 나나미(塩野七生, 1937~)도 이 범주에 속한다고 할 수 있다. 이에 대해 영웅이란 사회환경의 산물에 지나지 않으며, 역사는 다수의 민중이 역사를 창조하고 움직인다는 역사관을 '민중사관'이라고 한다.

톰마소 캄파넬라(Tommaso Campanella, 1568~1639)와 잠바티스타 비코(Giambattista Vico, 1668~1744)는 역사에는 물리학적으로 일정 시간을 두고 반복운동을 하는 '주기운동(periodic motion)'이 있어서 그것이 문화들의 성쇠를 지배한다는 이론을 제시했는데, 이 이론의 대표적 현대학자가 오스발트 슈펭글러이다. 슈펭글러는 《서구의 몰락(The Decline of the West, 1918~1922)》에서 이 이론을 주장하면서 이것을 유럽의 현실에 적용하여 각 시대의 문명이 불가피하게 소멸한다고 주장했다.

프랑스 대혁명 시대 귀족의 후예로서 자유사상가였던 토크빌(Alex de Tocqueville, 1805~1859)은 상아탑의 학자들에게 19세기의 위대한 역사가로 널리 인정을 받았다. 드러커도 깊은 관심을 가지고 연구한 바 있는 토크빌은 역사가이자 사회학자일 뿐 아니라 형이상역사가이기도 한데, 그의 형이상역사(形而上歷史, metahistory)는 철학적이면서 종교적인 사상이었다. 토크빌은 참된 자유보다 평등을 더 중시하는 근대사회가 겪게 될 여러 과정을 담은 《미국의 민주주의(De la démocratie, 1835~1840)》에서 '역사의 종교적 의미에 대한 신념'과 역사가의 종교적 사명을 강조했다.

부르크하르트(Jacob Burckhardt, 1818~1897)는 국가, 종교, 문화를 역사의 세 잠재력으로 보고, 움직이는 것(문화)이 고정된 두 잠재력(국가와 종교)에 미치는 작용을 관찰했다. 역사는 되풀이되는 것, 항상 있는 것, 전형적인 것으로 분류할 수 있다는 것이다.

독일의 사회학자 막스 베버(Max Weber, 1864~1920)는 자본주의의 발달은 '프로테스탄트 윤리'라고 할 수 있는 금욕, 근면, 절약 정신으로 인해 가능했다고 분석했다. 부지런히 일하고 그 결과로 얻은 소득으로 절약하여 생활하는 프로테스탄트 윤리가 프로테스탄트 자본주의 국가를 발달시켰다는 것이다. 20세기 초 발표된 베버의 이론은 납득할 만한 충분한 증거가 없어 대부분 부정되고 있다. 특히 프랑스의 기호학자 장 보드리야르(Jean Baudrillard, 1929~2007)는 자본주의가 어떻게 부를 축적하는지를 베버는 간과했다고 비판했다. 자신이 만든 상품이 팔리지 않는다면 자본주의는 부를 축적할 수 없다는 점을 지적하고, 상품을 부단히 소비하도록 함으로써 자본주의가 부를 축적할 수 있었다는 결론을 내렸다. 이처럼 보드리야드는 '소비'를 역사 발전의 원동력으로 보았는데, 이것은 위대한 경제학자 케인스(John Maynard Keynes, 1883~1946)의 유효수요론과 비슷하다.

토인비(Arnold Joseph Toynbee, 1889~1975)는 문명들이 각각 자기 앞에 놓인 장애(도전)를 극복(응전)함으로써 독특한 성격을 획득한다고 보았으며, 토인비와 더불어 20세기 영국을 대표하는 문화사가 크리스토퍼 도슨(Christopher Henry Dawson, 1889~1970)은 역사발전을 '종교와 문화 사이의 관계'로 규정지었다. 도슨은 방대한 지적 스펙트럼으로서 사회학, 인류학, 철학, 역사학을 아울렀고 인류문명이 당면한 문제에 대해 예리한 통찰력을 보였다. 영국 캠브리지 대학의 역사학 교수였던 액튼(John Emerich Edward Dalberg-Acton, 1834~1902)은 '자유 개념'에 초점을 두고 역사를 연구했는데, "권력은 부패하기

쉬우며 절대적 권력은 절대적으로 부패한다."는 유명한 말을 남겼다.

미래학자 앨빈 토플러(Alvin Toffler, 1928~)는 《제3의 물결(The Review of the Third Wave)》(1980)을 통해 역사발전을 크게 세 단계로 구분하여, 제1의 물결(농업혁명과 농업사회), 제2의 물결(산업혁명과 산업사회), 제3의 물결(정보혁명과 정보사회)로 나누었다. 그러나 그 이후 사회에 대해서는 논의가 없다. 제임스 매클렐란 3세(James McClellan Ⅲ)와 해럴드 도른(Herold Dorn)은 《세계역사와 과학과 기술(Science and Technoloy in World History)》(1999)에서 인류 역사의 근본적인 추진력은 '기술'이었음을 주장하며, 특히 과학과 산업의 강한 연결은 산업혁명 이후에 등장한 비교적 새로운 현상으로 기술했다.

UC 데이비스 경제학 교수 그레고리 클라크(Gregory Clark)는 산업혁명이 왜 영국에서 일어났는가 하는 질문을 제기하고 그 해답을 '인구구조의 변화'에서 찾았다. 영국은 부유층의 출산율이 높았고, 그 부유층의 가치가 문화와 유전자에 반영되면서 사회 전반에 파급되었기 때문이라고 주장했다.

역사철학자들의 주장을 단순화하는 오류를 범할 위험도 있지만, 종합적으로 보아 역사의 원동력은 정신인가 아니면 물질인가 하는 관점, 즉 관념론과 유물론으로 분류할 수 있다. 헤겔은 역사의 원동력은 '인간의 절대정신(absolute Geist, 인간 이성)'으로 보았다. 역사란 절대정신이 실현되는 과정이고, 절대정신은 역사를 이성적인 방향으로 나아가도록 한다고 주장했다. 이를 '관념론적 역사관(the Idealist Conception of History)' 또는 '유심사관(唯心史觀)'이라고 한다.

반면 마르크스(Karl Marx, 1818~1883)는 이성과 같은 정신적 활동이 아니라 물질적 활동, 즉 생산력(총생산능력)과 생산관계(사회 구성원들 사이에 생산수단의 소유관계)와 같은 경제적 이해관계가 역사를 일정한 방향으로 나아가도록 한다고 주장했다. 이를 '유물론적 역사관(the Materialist Conception of History)' 또는 '유물사관(唯物史觀)'이라고 한다(이 용어를 직접 사용한 사람은 엥겔스였다).

마르크스는 헤겔처럼 역사에는 일정한 법칙이 존재하며 더 좋은 방향으로 진보한다는 입장이었다. 그러나 역사 발전의 원동력에 대해서는 헤겔과 달랐다. 인간은 생존하기 위해 물질적 생산을 해야 하며, 이 활동이 경제적 토대(하부구조)가 되어 정치, 법률, 종교, 사상과 같은 상부구조를 결정한다고 본 것이다. 이와 같이 경제적 활동의 결과가 사회구조를 결정하고 사회계급을 형성한다고 보는 역사관을 '역사적 유물론(historical materialism)' 또는 '경제결정론(economic determinism)'이라고 한다. 다시 말해 유물론은 정신을 부정하고 물질적 원리만 주장하는 철학으로서, 정신은 고도로 조직된 물질인 뇌의 소산이며 인식은 뇌에 의한 사물현상의 반영이라고 주장한다.

드러커의 반 유물론

드러커는 《경영의 실제》(1954)에서 마르크스의 유물론을 비판하고 거부하면서 다음과 같이 주장했다.

"물질은 인간정신의 발전을 위하여 이용될 수 있으며 또 당연히 이용되어야 한다는 신념은, 인류 정신사에서 오랫동안 반대축에 존재하는 '유물론'과는 전혀 다른 것이다. 사실 (경영자가 물질을 이용하여 인간의 정신활동을 향상시킬 수 있다는) 그런 신념은 우리가 철학 용어로서 이해하고 있는 유물론과는 양립할 수 없다. 물질은 인간정신의 발전을 위하여 이용될 수 있다는 것은 새로운 사고방식이며, 현대적인 것이고 확실히 서구적인 것이다."

현대 서구사회 이전에는, 그리고 현대 서구 외의 지역에서는 자원이란 항상 인간의 활동에 한계를 짓고 인간이 그 환경을 지배하지 못하도록 제약하는 요소로 간주되었다. 다시 말해 자원은 자연을 통제할 기회를 제공하는 것도 아니었고, 자연을 지배할 도구도 아니었다. 자원이란 하늘이 주는 것으로서 인간이 어찌할 수 없는 것이었다. 사실 현대 서구사회를 제외한 모든 사회에서는 경제적 변화는 사회와 개인 양쪽에게 위험한 것이라 간주해 왔으며, 따라서 정부의 첫 번째 책임은 경제를 변화시키지 않는 것이었다. 그러므로 경영자, 즉 자원을 생산적으로 변환시키는 사람이나 조직적으로 경제를 발전시키는 특별한 책임을 맡은 사회기관은 현대사회의 기본적 시대정신을 반영하고 있는 것이다.

드러커는 자원을 생산적으로 변환시키는 사람을 '경영자(manager)'

라고 보았다. 따라서 현대사회에서 경영자는 없어서는 안 될 존재가 되었으며, 이것이 바로 경영자가 세상에 등장하자 빠른 시간에 거의 아무런 저항도 없이 성장할 수 있었던 이유를 설명해 주는 것이라고 주장했다.

chapter 02

지식역사의 시대구분

역사적 사실에 대한 평가와 역사의 시대구분

역사적 현실을 보는 관점은 오늘날 우리가 역사 교과서에서 설명하고 분류한 것과는 다를 수 있다. 예컨대 볼테르의 역사관은 진보의 역사가 아니라 쇠퇴와 멸망의 역사관이었다. 따라서 그 주제도 진보 이론의 낙관적 전제들보다 르네상스 역사가들의 비극적 숙명론에 더 부합했다. 그것은 과거에서 이상을 찾으며, 현대 문명의 영광들을 지향하기보다 고대 로마 황제들의 황금기를 되돌아보는 것이었다. 그 예로, 시오노 나나미는 "로마인들이 특유의 개방성으로 주변의 모든 문화를 포용해 대제국을 건설했다."고 주장했다.

그러나 《타임머신(The Time Machine)》과 《우주 전쟁(The War of the Worlds)》으로 잘 알려진 H. G. 웰스(H. G. Wells, 1866~1946)는 《역사의 개요(The Outline of History)》(1921)에서 훈족과 몽골족에게는 따뜻한 평가를 하면서도 로마인들에 대해서는 시오노 나나미와는 달리 냉소적으로 다음과 같이 언급했다.

"로마의 정치에 관해 쓰는 것은 부질없는 짓이다. 그것은 아무것도 아니었다. 로마는 덩치만 컸을 뿐 무식하고 상상력도 없는 제국이었다. 로마는 아무것도 내다보지 않았다. 전략적인 예지가 없었다. 카이사르 때부터 200년이 지난 뒤에도 로마인들은 여전히 예전과 똑같은 방식으로 훈련된 보병대로 행군을 함으로써 공격을 당하면 쉽게 지리멸렬 흩어졌다."

나폴레옹에 대해서도 토머스 칼라일은 《영웅숭배론(On Heroes, Hero-Worship, and the Heroic in History)》(1841)에서 영웅으로 높이 평가한 반면 웰스는 《역사의 개요》에서 단 몇 줄로 설명하면서 유럽에서 한때 소란을 일으킨 인물 정도로 폄하했다.

역사 연구에서 시대구분은 시대적 특성과 사건을 중심으로 시기적으로 구분하는 작업이다. 한 시대를 사는 사람들이 자신은 다른 시대를 살았던 사람들과는 다르다고 뚜렷이 인식하고 있다면 그들은 다른 시대에 살고 있는 것이다. 역사는 수학이나 자연과학과는 달리 정답이 없다. 그리고 역사 서술의 시작을 어디서부터 하고 어느 지점에서 끝내는가 하는 것도 자유롭다. 볼테르는 이렇게 말했다.

"모든 시대는 영웅들과 정치인들을 배출했고, 모든 민족은 혁명을 경험했으며, 모든 역사는 사실들을 기억에 담아두고자 하는 사람들에게 거의 공평했다. 하지만 생각하는 사람 또는(희귀한 경우이긴 하지만) 취향을 지닌 사람은 오직 네 개의 시대만을 세계사로 친다. 네 시대란 그리스의 고전시대와 로마의 아우구스투스 시대, 이탈리아의 르네상스 시대, 그리고 루이 14세의 시대를 말한다."

마르크스는 헤겔의 변증법을 역사발전에 적용하여, 인간사회는 원시공산사회→봉건사회→자본주의 사회→사회주의 사회라는 변증법적 도식에 따라 발전하며 각 시대는 내재적 모순에 의해 붕괴되고 새로운 제도로 이행한다고 보았다. 그러므로 자본주의 사회도 변증법적 유물론의 원리에 따라 필연적으로 소멸되어 결국 사회주의와 공산주의 사회로 옮겨갈 것이라고 판단했다. 요컨대 마르크스는 자본주의가 역사의 필요성에 따라 등장했으므로 조만간 역사적으로 그 수명이 다하여 붕괴할 것이고 이상적인 사회주의가 건설된다고 주장했었다.

드러커의 시대구분과 전환기

역사는 수백 년마다 한 번씩 급격한 전환이 일어난다. 그리고 사회는 수십 년 동안에 걸쳐 사회 자체를 다시 조정한다. 세계를 보는 관점, 기본적 가치관, 사회적 정치적 구조, 예술을 보는 관점, 주요한 사회적 기관들을 재조직한다. 그리하여 50~70여 년간의 전환기가 지난 뒤에는 완전히 새로운 세상이 되어버리고 만다. 그래서 새로 태어나는 아이들은 그들의 조부모들이 살았던 세상이나 부모들이 태어났던 세상을 상상할 수 없게 된다.

일단 그런 경계를 건너고 나면 사회적 정치적 풍경은 일변한다. 사회적 정치적 기후도 다르고 사회적 정치적 언어도 마찬가지다. "새로운 현실이 시작되고, 새로운 역사가 펼쳐지는 것이다." 역사가들은 이 다른 시대 또는 새로운 현실, 아니면 전환기를 각자 다양하게 분류한다. 그래서 다음과 같은 말이 생겨난다. "역사연구의 모든 노력은 시대구분으로 귀착된다." 서양의 역사는 대체로 다음과 같이 시대구분을 한다.

1. 고대시대(the ancient times): 5세기 말 서로마의 몰락까지
2. 중세시대(the Middle Ages 또는 the medieval times): 6~14세기
3. 르네상스시대(Renaissance): 14~16세기
4. 근대시대(the Modern Age): 15~19세기
5. 현대시대(the Present Age 또는 contemporary): 20세기 이후

드러커는 역사적 시대구분의 관점을 '지식의 의미와 기능 변화'에 두었으며, 그의 역사관은 '연속과 변화를 바탕으로 하는 진보 역사관'

이다. 인류는 지식의 적용으로써 정신적으로나 물질적으로 더 나은 시대를 열어간다고 보았다. 어떤 사회를 다른 사회와 구분하여 명명할 때, 예컨대 수렵채집사회, 농업사회, 산업사회라고 나눌 때 그 구분 기준은 무엇인가 하는 질문을 할 수 있다. 이 경우의 기준은 각 사회의 중심 노동력이다. 수렵채집사회는 사냥꾼, 농업사회는 농부, 산업사회는 육체노동자가 중심 노동력이었다. 드러커는 산업사회 다음의 사회는 지식사회로서 지식근로자가 중심 노동력이라고 파악했다.

드러커는 1993년 《자본주의 이후의 사회》에서 '지식의 의미와 기능 변화'라는 관점에서 사회와 인류의 발전을 다음과 같이 구분했다.

첫째, 지식이 주로 인간의 내부에 적용되어 자기 자신을 알고 인격을 연마하는 목적으로 사용된 고대사회에서부터 산업혁명 이전 시대.

둘째, 지식이 처음으로 인간 외부의 기계, 도구, 프로세스, 상품 등에 적용되어 자본생산성을 향상한 산업혁명 시대(18세기 중반~19세기 후반).

셋째, 지식이 인간의 일하는 방식, 즉 생산방식에 적용되어 육체노동자의 생산성을 향상시킨 노동생산성혁명 시대(19세기 후반~20세기 중반).

넷째, 20세기 후반부터는 노동생산성 향상 경쟁이 끝나고 지식이 다른 지식과 결합하여 또 다른 지식을 창출하는 지식혁명 또는 지식생산성혁명 시대.

지식, 과학, 기술

우리가 무엇을 알 수 있으며, 어떻게 알 수 있는가 하는 것에 대해서는 많은 이론들이 있다. 기원전 400년경의 플라톤으로부터 현대의 루트비히 비트겐슈타인(Ludwig Wittgenstein, 1889~1951)과 칼 포퍼(Karl Popper, 1902~1994)에 이르기까지 많은 형이상학자들이 있다.

플라톤은 "어떤 사물이나 사건이 진실이고(진실조건), 누군가가 그것을 정당하다고(정당화조건) 믿는다면(믿음조건) 그는 그 사물 또는 사건을 안다고 할 수 있다."고 정의했다. 지식이 '정당화된 참된 믿음'이라는 규정은 플라톤의 인식론 저서 《테아이테토스(Theaetetos)》에 나타나 있으며 지금까지도 지식에 대한 정의로 받아들여지고 있다. 인식적인 연구는 그리스 시대와 중세 시대에도 있었으나 철학의 중심적인 과제가 된 것은 근세의 존 로크(John Locke, 1632~1704)에서 부각되었다. 인식의 기원에 관한 주장으로는 이성론과 경험론이 있다. 이성론은 주로 독일을 비롯한 유럽대륙에서, 경험론은 영국에서 발달했다. 칸트(Immanuel Kant, 1724~1804)는 이성론과 경험론을 종합하려고 선험적 관념론(先驗的觀念論, transcendental idealism)을 주장했다. 루트비히 비트겐슈타인은 '지식'의 정의에 대해 현대 철학자들과는 다른 주장을 내놓았다. 비트겐슈타인은 자연 언어에서 사용되는 지식이라는 말을 정의하는 데 많은 난점이 있음을 예를 들어 밝혀놓고는 《논리철학 논고》의 마지막에 "말할 수 없는 것에 관해서는 침묵해야 한다."고 말했다. 사실 천재 비트겐슈타인은 세상에 대해 할 말이 많았지만 말할 수 없는 어떤 영역이 존재한다고 본 것이다.

'지식(知識, knowledge)'의 사전적 정의는 "개인 또는 집단이 교육, 학습, 숙련 등을 통해 '재활용할 수 있는 정보와 기술'"이다. 국립국어원 표준대사전에는 "어떤 대상에 대하여 배우거나 실천을 통하여 알게 된 명확한 인식이나 이해, 알고 있는 내용이나 사물, 철학에서 인식에 의하여 얻어진 성과로서 사물에 대한 단편적인 사실적 경험적 인식을 말하며, 객관적 타당성을 요구할 수 있는 판단의 체계를 이르는 말"이라고 되어 있다.

지식에 대한 정의는 철학자들의 오랜 논쟁거리였다. 지식에 대해 연구하는 철학의 분야를 인식론(認識論, epistemology) 또는 지식론이라고 한다. 인식론은 고대 그리스어 'episteme(지식 또는 인식)'와 'logos(이론)'를 합친 말로서, 진리나 지식의 성질과 기원 그리고 범위(사람이 이해할 수 있는 한계 등)에 대하여 고찰한다.

인식은 대상을 아는 일이다. 인식은 인간의 실천에서 시작되며, 실천을 통한 감각적 직관에 의해 직접적, 개별적, 구체적인 감성적 인식이 형성된다. 이는 사물의 본성을 포착한 것이 아니라 외면적인 인상 같은 것이다. 이 감성적 인식을 방침으로 하여 다시 실천을 계속하면 그릇된 점은 정정되고 다른 사물과의 비교·구별을 거쳐 개념·판단·추리를 하며 사물의 본질적인 이성적 인식을 얻는다. 참된 의미에서의 이성적 인식(진리)은 개인적 실천뿐만 아니라 인간 사회의 역사적 축적과 다수의 인식(집단성)으로 이룩된다.

지식에 대한 플라톤의 정의는 오랫동안 사용되어 왔으나 논리적으로 위의 세 조건(진실조건, 정당화조건, 믿음조건)을 만족시킨다고 하더라도 안다고 할 수 없는 사례를 지적하는 게티어 문제(Gettier Problem)

가 등장했다. 1963년 에드먼드 게티어(Edmund Gettier, 1927~)는 지식을 '정당화된 진실된 믿음(justified true belief, JTB)'으로 정의한 것에 대한 반대 사례를 제시하는 논문 〈정당화된 진실된 믿음이 지식인가?(Is Justified True Belief Knowledge?)〉를 발표함으로써 현대 인식론에 새로운 문제를 던졌다.

따라서 게티어 문제에 관심이 있는 인식론자들은 지식의 조건을 수정하거나 추가하는 데 주력하고 있으며, 이러한 난관을 해결하기 위해 로버트 노직(Robert Nozik, 1938~2002), 사이먼 블랙번(Simon Blackburn, 1944~), 리처드 커크햄(Richard Kirkham, 1955~) 등은 지식의 정의에 대한 추가적인 조건을 제안했다.

기술(technology)과 과학(science)의 관계를 정의하는 문제 역시 논자들 사이에 일치를 보기 어려울 것이다. 기술은 어떤 물건을 만들거나 어떤 일을 수행하는 데 필요한 기법에 대한 체계적 방법을 말하는 것으로, 고도 기술일수록 과학이론을 실제로 적용하여 자연의 사물을 인간 생활에 유용하게 가공한다. 이 정의는 명확하게 보이긴 하지만 현실에서는 구분하기 힘든 상황이 발생한다. 사실, 과학에도 기술의 실천적 부분이 있고, 기술에는 과학 지식의 일부분이 포함되어 있다. 더 나아가 과학과 기술은 서로 분리할 수 없는 하나라고 주장하는 사람들도 있다. 과학자와 사회학자들 간에 과학 논쟁도 벌어지고 있다.

이 책에서는 기술(기술자)과 과학(과학자)을 엄격히 구분하지 않는다. 다만 엔지니어(현장 종사 기술자)와 사이언티스트(학계와 연구 종사자) 정도로 구분하고, 과학과 기술을 대략 다음과 같이 구분 정의한다. 과학은 자연을 대상으로 합리적 사고를 통해 자연을 이해하려는 지적 호기심의 결과이고, 기술은 과학 법칙을 응용하고 인간의 노동을 추가한 인공물을 제작, 개량하는 것이다. 요컨대 과학은 보편적 진리나 법칙을 발견하기 위한 체계적인 지식으로서, 넓은 뜻으로는 한 분과 학문을 일컫고 좁은 뜻으로는 자연과학을 뜻한다. 기술은 인간의 육체적 활동과 그 결과 생겨난 인공물이다.

　문헌상으로 기술에 대한 수많은 견해가 있고, 또 기술이라는 용어에 대해 여러 가지 정의가 있다. 대부분의 연구자들은 인공적으로 만들어낸 인간의 활동수단을 '기술'이라고 보고 있다. 기술은 에너지의 획득, 전달, 변환, 물질적 또는 문화적 재화를 만들어내는 데 필요한 노동대상에 대한 작용, 그에 따른 정보의 수집, 저장, 처리, 전달, 자연과 사회의 법칙과 현상에 대한 연구, 그에 따른 이동, 사회의 관리, 생활 서비스, 방위력의 확보, 전쟁의 수행 등을 위해 창출되고 이용된다.

　이와 같이 넓은 의미로 해석할 때 기술은 서로 다른 사회적 기능을 수행하는 두 종류의 기술적 수단, 즉 '생산기술'과 '비생산기술'로 나눠볼 수 있다. 생산기술은 물질적 재화의 생산에 사용되는 기술적 수단이다. 이것은 인간사회의 생산력 가운데 가장 중요한 능동적인 요소이다. 마르크스가 "무엇이 만들어지는가가 아니라 어떻게 해서, 즉 어떤 노동수단에 의해 만들어지는가에 따라 다양한 경제적 시대가 구분되는 것이다."라고 지적한 것은 이러한 관점에서였다. 비생산기술에 속하는 것은 과학, 생활, 문화, 교육 등의 기술적 수단과 무기이다.

최초의 기술이라고 할 수 있는 기계장치는 신석기시대에 등장했으며, 그 후 도기제조용 돌림판과 바퀴가 만들어졌고, 시간이 지나자 쟁기, 돌로 만든 낫, 맷돌 등이 제작되었다. 이집트와 메소포타미아에서는 관개기술(灌漑技術), 그리스 로마 시대에는 제련술이 발달되었다. 중세 중국에서는 수리학(水理學)이 발전했고 철, 놋쇠, 종이, 도자기 제조기술도 일찌감치 출현했다. 서양에서는 수력이나 풍력과 같은 자연력을 이용하게 되었다. 18세기에는 섬유기계, 증기기관이 제작되어 철도시대가 열렸고, 19세기에는 도시가스, 내연기관 자동차, X선, 전화기, 전기, 증기 터빈, 고속기관이 등장했고, 20세기에는 핵기술, 컴퓨터, 우주기술이 발전했다.

이런 기술들을 분류하면 기술에는 세 가지 분야가 있다. 첫째는 경제기술로서, 이것은 전적으로 생산에 종속되며 노동의 조직화에서 경제계획까지 포함된다. 이 기술은 다른 기술들과 목적은 다르지만 본질은 동일하다.

둘째는 조직기술로서, 이것은 다수의 대중과 관련이 있으며 대규모의 상업적 산업적 문제뿐만 아니라 국가와 행정부, 경찰력에도 응용된다. 이러한 조직기술은 전쟁에서도 이용되며 최소한 무기와도 같은 군사력을 확보하게 한다. 법적인 분야에 있는 모든 것들은 조직기술에 의존한다.

셋째는 인간기술로서, 이것은 다양한 형태를 취하며 의학과 유전학에서부터 교육기술, 직업지도, 프로파간다 등의 분야에 이른다. 이 분야에서 인간은 기술의 대상이 된다.

PART II

지식역사의 전개

"드러커는 역사가가 아니지만 무척 중요한 인물이다.
그는 역사 감각이 있을 뿐 아니라 여러 가지를 결합시키는 데 있어서
탁월한 인물이다. 드러커에게 흠잡을 데라고는 하나도 없다."
_미국 기업사가 앨프레드 챈들러(Alfred Chandler, 1918~2007)

chapter 03

지식이 인간 내면에
적용된 시대

−고대에서 산업혁명 직전까지

지식 패러다임의 이동

▌고대 동서양의 '지식'

이 책은 "인류 역사는 '지식의 의미변화'와 '그 적용변화' 과정의 기록이다."라는 말로 시작한다. 피터 드러커는 《자본주의 이후의 사회》(1993)에서 다음과 같이 서술하고 있다.

　　1750년 이전에는 서양에서나 동양에서나 지식은 항상 존재(being)에 대해 적용되는 것으로 생각되었다(간단히 말해 지식의 의미는 자기수양과 체념의 도구였다). 먼저 고대 서양의 경우를 보면, 소크라테스

(Socrates, BC470~399)를 비롯한 그리스의 철학자들은 지식의 유일한 기능은 '자기 자신을 아는 것(know thyself)'이라고 했고, 인간에 대해 지적으로 도덕적으로 정신적으로 성장시키는 것을 지식의 기능으로 생각했다.

소크라테스에 필적할 철학자 프로타고라스(Protagoras, BC485~414)와 소피스트들은 지식의 목적은 "무엇을 어떻게 말해야 하는지를 알게 하여 자신의 목적을 달성하게 하는 것"이라고 생각했고 "인간은 만물의 처도"라고 주장했다. 요컨대 지식은 논리이고 문법이고 수사학(修辭學)이었다. 이것은 나중에 중세 학문연구의 핵심인 3학(三學)과 7자유학문(Septem artes liberales, 문법, 수사, 논리, 산수, 기하, 음악, 천문)으로 발전했다.

소크라테스와 프로타고라스는 지식에 대해 서로 다른 정의를 내렸으면서도 공통적인 견해가 있었다. 지식은 무엇을 만들고 운반하고 보관하는 데 소용되는 것, 즉 삶의 수준을 높이기 위해 무엇을 할 수 있는 실용적인 능력(ability to do)을 의미하지 않는다는 것이다. 실용적인 것은 지식이 아니라 하나의 기능(skill)으로서 그리스어로 'techne' 인데, 이것은 자연을 가공하는 장인(匠人)의 기술을 의미했다.

'테크네(techne)'는 지식을 의미하는 '에피스테메(episteme)'와는 구분된다. 호메로스(BC9세기~8세기) 시절 '집 짓는 목수의 솜씨'에서 비롯된 개념인 테크네는 훗날 예술(art)의 범위로 넓어졌다. 플라톤(Platon, BC428~348)은 테크네를 "대상의 근본적인 원인과 원리를 정확하게 아는 것"으로 정의했다. 플라톤은 《국가》에서 (예술 또는 기술이라는 관점에서) 테크네를 평화와 질서 그리고 이성과 법률이 최고의 행동인 훌륭한 국가에 대한 위협으로 간주했다. "신사는 손톱 끝에 기름때가 있으면 안 된다."라는 영국의 속담은 여기서 유래한 것이다. 아리스토텔레스(Aristoteles, BC384~322)는 테크네에 대해 인간이 자연을 불완전하게나마 모방하는 기술로 정의하고, 최초의 학문분류 체계에서 에피스테메 포이에티케(episteme poietike, 제작학)의 범주에 포함시켰는데 이것은 오늘날 공학의 의미로 사용되는 개념이다. 여기서 포이에티케는 '만들다'라는 동사 'poiein'에서 나온 'poie'와 기술(tike)을 합성한 말이다. 이는 공학적 기술만이 아니라 시학과 수사학을 포함하는 개념이었다. 이에 따라 아리스토텔레스 이후 테크네가 예술로 이해될 수 있는 길이 열렸다. 말하자면 오늘날 우리가 예술로 부르는 것들을 고대에는 기술과 분리하지 않았다. 이어서 드러커는 다음과 같이 서술한다.

고대 동양에도 지식에 관해 거의 비슷한 두 가지 이론이 있었다. 노자(老子, BC 6세기경)를 비롯한 도가(道家)와 선승(禪僧)들에게 있어 지식이란 '자기 자신을 아는 것'이고, 깨달음과 지혜에 이르는 길이었다. 노자의 《도덕경》 1장의 첫 문장은 "말로 표현할 수 있는 도는 참된 도가 아니다."로 시작하고, 38장의 첫 문장은 "최상의 덕은 스스로 덕이 있다고 여기지 않으니, 이 때문에 덕이 있는 것이다."로 시작한다.

같은 무렵 공자(孔子, BC551~479)를 비롯한 유학자에게 지식이란 "자신이 무엇을 말해야 하는가, 그리고 그것을 어떻게 말해야 하는가 하는 것을 알고, 입신양명하여 세속적으로 출세하는 방법을 익히는 것"
이었다. 《논어》자장(子張) 편에 보면 이를 "이미 관직에 나아간 자가 일
을 훌륭하게 해내려면 계속 배워야 하고, 배우는 자가 뛰어나면 관직
에 나아간다(仕而優則學, 學而優則仕)"라고 표현했으며, 유학에서 가르
치는 육례(六藝, 禮, 樂, 射, 御, 書, 數)는 중세의 7자유학문과 유사하다.

이와 같이 지식이 무엇인가 하는 것에 대해 도가와 유가는 극명하게
달랐지만, 지식이 의미하지 않는 것이 무엇인가 하는 것에 대해서는
그들은 완전히 일치했다. 지식은 실용적인 것, 즉 무엇을 만들어 인
간의 생활수준을 높이는 것이 아니었다. 요컨대 지식의 의미는 "자기
자신을 알고 자기 자신을 표현하는 것"이었고, 지식은 오직 "인간의
내면"에 적용되었다.

▌패러다임의 개념

1750년경을 기점으로 하여 이전까지를 '존재'에 적용되는 것으로 인
식되던 지식이 갑자기 '행동'에 적용되었다. 지식 그 자체가 자원이
자 실용이 된 것이다. 그것은 지식의 의미에 대한 근본적인 변화, 즉
'지식에 대한 패러다임의 변화' 또는 지식 패러다임의 이동에 의해
촉진되었다.

'패러다임(paradigm)'은 "예를 보여준다"라는 의미의 그리스어
'paradeigma'에서 나온 말로서 언어학과 과학에서 기존의 것과는
다른 독특한 개념을 제시할 때 사용한 용어다. 이것을 토머스 쿤
(Thomas Samuel Kuhn, 1922~1996)이 1962년 《과학혁명의 구조(The
Structure of Scientific Revolution)》에서 사용하여 널리 알려지게 되었

다. 용어로서 '패러다임'에 대한 정의는 다양하다.

이 용어는 나중에 토머스 쿤 자신에 의해 두 가지 다른 의미로 쓰이고 있음이 드러나게 된다. 한편으로, 패러다임은 어느 과학자 사회의 구성원들에게 공유되는 신념, 가치, 기술 등을 망라한 총체적 집합을 가리킨다. 다른 한편으로는, 그런 집합에서 한 유형의 구성 요소를 가리키는 것으로서, 모형 또는 예제로서 사용되어 정상과학의 나머지 수수께끼에 대한 풀이의 기초로서 명시적 규칙들을 대치할 수 있는 구체적인 '수수께끼-풀이'를 나타낸다.

과학혁명은 기존 정상과학의 전통에 어긋나는 새로운 것이 등장하여 기존의 설명을 파괴하는 것을 의미한다. 과학 분야의 고전들은 대부분 교재의 기능을 맡았다. 예컨대 아리스토텔레스의 《자연학(Physica)》, 뉴턴(Isaac Newton, 1643~1727)의 《프린키피아(Principia)》, 라부아지에(Lavoisier, 1743~1794)의 《화학(Chemistry)》 등은 일정 기간 연구 분야에서 합당한 문제와 방법들을 다음 세대의 연구자에게 묵시적으로 정의해 주는 역할을 맡았다. 이 저술들이 그러한 역할을 맡을 수 있었던 것은 두 가지 본질적인 특성을 공유했기 때문이다. 첫째, 과학이 전대미문의 성취를 이루고 있다는 것이다. 라부아지에는 연금술의 이론적 바탕이 되는 플로지스톤(phlogiston)의 존재를 부정하고 '질량보존의 법칙'을 정립했다. 둘째, 재개편된 연구자 그룹이 해결하도록 남겨놓을 만큼 문제들이 상당히 융통성이 있었다. 이 두 가지 특징을 띠는 성취를 토머스 쿤은 패러다임이라고 명명했다. 과학혁명으로부터 출현하는 새로운 정상과학은 앞선 것과는 양립되지 않을 뿐만 아니라 동일 표준과 비교 불가능이다. (그런 관점에서 필자는 프레더릭 테일러의 《과학적 관리법》과 드러커의 《자본주의 이후의 사회》와 《21세기 지식경영》을 경영학 분야에서 패러다임을 바꾼 저서들로 간주한다.)

▌ 다윈의 진화 패러다임

패러다임-자연의 일치(paradigm-nature fit) 상황에는 항상 어떤 난관이 도사리고 있다. 과학자는 이론과 자연 사이에 예외현상(anomaly, 원래 의미는 행성의 변칙적인 겉보기 운동)을 인지하게 될 때 어떤 반응을 나타내게 되는가? 어떤 예외현상이 기존의 과학에 위기를 유발시킨다면 그것은 단순한 변칙 이상의 것이라야 한다. 세계가 패러다임의 변화와 더불어 변화하지는 않지만, 그 이후의 과학자들은 이전과는 다른 세계에서 연구활동을 하게 된다.

예컨대 찰스 다윈(Charles Robert Darwin, 1809~1882)이 1859년 발표한 자연 선택에 의한 진화 이론, 즉 《종의 기원(Origin of Species)》에서 그는 신이나 자연 그 어느 것에 의해 설정된 목표를 인정하지 않았다. 인간의 진화를 비롯한 각종 진화를 가리키는 증거는 수십 년 동안 축적되어 왔으며, 진화의 개념은 이전에도 제안되었고 널리 퍼져 있었다. 다윈 이전 시대의 유명한 진화 이론들, 예컨대 용불용설(用不用說)을 주장한 라마르크(Lamarck, 1744~1829), 사회진화론자 허버트 스펜서(Herbert Spencer, 1820~1903), 그리고 독일의 자연철학자들의 진화이론들은 모두 진화를 목표지향적 과정으로 간주했다. 인간을 비롯한 식물군과 동물군에 대한 개념은 최초 생명의 창생으로부터 신의 정신 속에 존재했을 것이라고 믿었다. 그런 개념이나 계획은 전체적 진화 과정에 방향을 설정했고 길잡이가 되었다. 진화적 발전에서 각각의 추가적 단계는, 출발에서부터 존재했던 창조 계획에 가까이 다가가는 실현이었다.

따라서 《종의 기원》을 처음 출판했을 때, 많은 전문가들을 가장 괴롭혔던 것은 종(種, species)의 변화의 개념도 아니었고 인간이 원숭이로부터 진화되었으리라는 가능성도 아니었다. 다윈에 따르면 사람의 눈이나 손과 같이 놀랄 만큼 잘 적응된 기관들은 원시적인 태초로부터 "목표 없이 꾸준히 진행되었던 과정"의 산물이었다. 그런 기관들은 이전에는 지고(至高)의 조물주와 예정된 계획의 존재에 대한 강력한 논거가 되었던 것이었다. 다윈에 의해 '목적론적 성격의 진화론'이 거부되자 기존의 진화론자들은 다윈의 제안을 수용하기 곤란해졌다.

▍드러커의 경영 패러다임

드러커는 패러다임이라는 용어를 경영학에 적용했는데, 1999년 《21세기 지식경영》 제1장 "새로운 경영 패러다임"에서, 경영 현실에 대한 기본 가정(假定)들을 경영 패러다임이라는 의미로 사용했다.

현실에 대한 기본 가정들은 경영학과 같은 사회과학의 패러다임을 형성한다. 그것들은 일반적으로 각 분야의 학자, 저술가, 교사 그리고 실무자들의 뇌리 속에 무의식적으로 존재한다. 그리고 현실에 대해 각 분야의 사람들이 안고 있는 기본 가정들은 그 현실이 무엇에 초점을 맞추고 있는가 하는 것을 결정한다. 가정들은 또한 무엇이 원칙에서 제외되어야 하는 것인지 또는 '귀찮은 예외'로서 제쳐두어야만 하는 것인지를 대부분 결정한다. 가정들은 주어진 원칙 내에서 무엇에 주의를 기울여야 하는지, 무엇을 무시하거나 못 본 척해야 하는

가를 동시에 결정한다.

초기의 경영학자들 가운데 가장 통찰력 있는 학자인 메리 파커 폴레트(Mary Parker Follet, 1868~1933)에게 일어난 사실이 좋은 예다. 사회와 인간과 경영에 관한 폴레트의 기본 가정들은 그 당시 경영인들이 경영활동을 할 때 기초로 삼았던 것들보다 훨씬 더 현실에 적합했다. 하지만 폴레트가 설정한 가정들은 1930년대와 1940년대 싹트기 시작한 경영원칙이 받아들인 현실들과 일치하지 않았기 때문에, 폴레트는 사망하기 훨씬 전부터 "존재가 무시당한 학자"가 되고 말았으며, 그녀의 연구업적은 사실상 25년 또는 그 이상 빛을 보지 못했다.

가정들이 그 정도로 중요한데도 경영에 관한 가정들은 거의 분석되지 않았으며 연구되지도 도전받지도 않고 있다.

원래 패러다임이란 지배적인 일반이론인데, 자연세계에는 아무런 영향을 끼치지 않는다. 어떤 자연과학의 패러다임이 '해가 지구를 돈다'거나 그 반대로 '지구가 태양을 돈다'고 주장한다 해도 그 주장이 태양과 지구의 움직임에 아무런 영향을 끼치지는 않는다. 자연과학은 사물의 행동을 연구하기 때문이다. 더욱 중요한 것은 자연과학의 현실, 즉 물리적 우주와 그 법칙은 변하지 않는다는 점이다. 그것이 변한다 해도 수십 수백 년, 아니 엄청난 시간이 흘러야만 한다.

그러나 경영과 관련된 가정들은 자연과학의 패러다임을 위한 가정들보다 실질적으로 훨씬 더 중요하다. 경영과 같은 사회과학의 원칙은 인간의 행동과 인간이 만든 조직의 행동을 연구하기 때문에, 실무가들은 그들이 품고 있는 가정들이 그들에게 지시하는 바대로 행동하고 반응할 것이다. 사회적 우주에는 '자연법칙'과 같은 것은 없다.

따라서 사회적 우주는 끊임없이 변한다. 그리고 그것은 어제 적합했던 가정들이 오늘은 부적합할 수 있고, 어느 한 순간에 완전히 달라질 수도 있다는 것을 의미한다.

▌지식 패러다임 이동의 세 단계

과거에 지식은 언제나 사유재산이었고 자기수양의 도구였다. 그러나 1750년 무렵 갑자기, 지식은 공공재산이 되었고 보편적이고 실용적인 것이 되었다. 지식에 대한 패러다임의 변화, 즉 지식의 의미 변화와 적용 변화(이하 지식 패러다임 이동)는 지금까지 세 단계를 거쳤다.

지식 패러다임 이동의 첫 번째 단계는 1750~1880년까지 130년 기간으로, 지식이 작업도구와 제조공정과 제품에 적용되어 자본생산성을 크게 향상시켰다. 역사에서는 이 사건을 산업혁명(industrial revolution)이라고 부른다. 그러나 지식의 의미변화의 첫 번째 단계에서 마르크스가 말하는 노동의 소외와 새로운 계급의 등장과 계급투쟁 그리고 궁극적으로는 공산주의를 잉태했다.

두 번째 단계는 1880~1950년까지 70년 기간인데, 지식이 작업 그 자체에 적용되어 노동생산성을 크게 향상시켰다. 1881년 프레더릭 테일러(Frederick Winslow Taylor, 1856~1915)는 일하는 과정에 (작업연구, 작업분석, 시간연구 등) 과학적 관리법을 적용했고, 제2차 대전 무렵 노동생산성은 절정에 이르렀다. 그로 인해 생산성혁명(productivity revolution)은 70여 년 만에 프롤레타리아를 거의 부르주아로 바꾸어 놓았다. 이것은 생산성혁명이 계급투쟁과 공산주의를 패배시켰음을 의미한다.

세 번째 단계는 제2차 대전 후에 시작되었다. 1944년 미국의 제대군인 원호법(GI Bill of Rights) 이후 고등교육을 받은 지식근로자들이 노동력의 중심이 되었고, 컴퓨터와 인터넷 등을 도구로 삼은 지식근로자는 지식을 다른 지식들에 적용하여 지식생산성을 높이고 있는 중이다. 이것이 경영혁명(managementrevolution)이다.

제1차 대전 말경인 1920년대만 하더라도 고등교육은 귀족이나 성직자들을 제외한 일반 사람들에게 전혀 의미 없는 것이었다. 그러다가 미국의 제대군인들로부터 열광적인 환영을 받은 제대군인 원호법이 지식사회로의 이동을 예고했다. 미래의 역사학자들은 제대군인 원호법의 통과를 20세기의 가장 중요한 사건으로 취급해야 할지도 모른다.

여기서 말하는 '경영혁명'은 제임스 번햄(James Burnham, 1905~1987)의 《경영자 혁명(Managerial Revolution)》(1941)과는 무관하다. 번햄은 자본주의 사회가 지속되지 못할 것이고 경영전문가가 사회를 지배할 것으로 보았다. 반면 드러커가 말하는 경영혁명은 경영자가 지식과 지식을 결합하여 새로운 지식을 창출하는 과업을 수행하는 것을 의미한다.

유토피아

▎유토피아의 건설을 약속한 지도자

선사시대 인류는 다른 동물들과 마찬가지로 굶주렸다. 수렵채집시대 인류의 조상들은 동물을 사냥하고 과일을 따먹었다. 그 후 일부 사람들이 부락을 이루어 농사를 지으면서 농업사회를 형성했다. 그러자 유목민들이 쳐들어와서 사람을 해치고 곡식을 약탈하기 시작했고, 외부로부터의 약탈을 막아주고 보호해 주겠다는 지도자가 등장하면서 차츰 국가의 형태를 갖춘 고대국가가 형성되었다. 이처럼 고대국가의 지도자는 권력의 정당성을 확보하기 위해 유토피아(Utopia)를 약속하며 등장했다.

흔히 일반적으로 사용하는 '유토피아'라는 말은 토머스 모어 (Thomas More, 1477~1535)가 1516년에 펴낸 《유토피아(Utopia)》에서 유래하는데, 사람이 살기에 가장 이상적인 사회를 말한다. 지상에는 그런 사회가 존재하지 않는다. 따라서 유토피아라는 말은 '없다(ou)' 와 '장소(topos)'를 의미하는 그리스어의 합성어로서 '어디에도 없는 곳'이라는 모순된 뜻을 지닌다.

유토피아를 묘사한 경우는 토머스 모어가 《유토피아》를 발표하기 훨씬 전에도 많았다. 플라톤의 《국가》, 플루타르코스의 《영웅전》, 그리고 '아틀란티스 전설' 등이 그 예이고, 토머스 모어 이후로도 톰마소 캄파넬라의 《태양의 나라(La Citta del Sole)》(1602), 프랜시스 베이컨(Francis Bacon, 1561~1626)의 《새로운 아틀란티스 섬(New Atlantis)》(1627), H. G. 웰스의 《현대의 유토피아(A Modern Utopia)》(1905) 등이 있다. 또한 마르크스주의와 20세기의 포퓰리스트(인민주의) 역시 유토피아 사상의 연장에 있다.

일부 종교집단과 정치개혁가들은 실제로 이상적인 공동체 건설을 추진했다. 특히 신대륙이 발견되자 종교지도자들은 신세계에서 자신들의 뜻을 펼쳤고, '협동조합'의 창시자 로버트 오언(Robert Owen, 1771~1858)은 인디애나 주에 비종교적 공동체를 세웠다. 대체로 유토피아적 공동체는 예언 능력과 지혜를 지닌 한 명의 강력한 인물에 의해 건설 유지되다가 그 지도자가 죽고 난 뒤에는 서서히 소멸했다.

지도자가 내건 유토피아의 조건은, 첫째, 의식주 해결을 비롯한 물질적 번영(풍요), 둘째, 외부의 침략과 신체적 보호(안전), 셋째, 사회 구성원들 사이의 질투의 제거(평등)였다. 예컨대 모세는 젖과 꿀이 있는 땅으로 인도한다는 약속을 내세워 이스라엘 백성을 이끌고 갔다. 로마의 카이사르(Gaius Julius Caesar, BC100~44)는 야만족의 침략을 막았을 뿐 아니라 피정복민으로부터 금은보화를 약탈하여 로마의 프롤레타리아들에게 빵과 서커스를 공짜로 제공했다. 나중에 언급되겠지만 로마 시대에 토지 없이 날품팔이를 하는 무산 평민을 '프롤레타리아트(proletariat)'라고 불렀다. 마르크스가 산업사회의 무산계급을 표현할 때 사용한 이 단어는 여기서 유래한 것이다. 프롤레타리아보다도 낮은 존재는 노예였다. 마르크스와 공산주의자들은 계급 없는 평등 사회를 만들고 노동자와 농민의 천국을 만들겠다고 약속했다.

▌약속을 지킬 수 없었던 지도자의 대안

유토피아란 정녕 지상에서는 달성할 수 없는 것이어서 지도자는 자신의 약속을 지킬 수 없게 되었을 때 다른 길을 생각해 낸다. 우선 물질적인 풍요를 제공하지 못한 지도자들은 체념의 길을 선택한다. 체념에는 두 가지 의미가 있다. 하나는 물질적 욕구를 단념하는 것이고, 다른 하나는 인간의 도리를 깨닫는 마음이다. 그리하여 정치지도자는 백성들에게 물질적 욕심을 줄이도록 조치를 취한다. 종교지도자들은 지상의 생활은 천국으로 가는 준비기간이므로 재물과 보화를 집에 두지 말고 하늘에 쌓으라고 설교한다.

체념의 의미는 아시시의 프란체스코 성인(Francesco, d' Assisi, 1182~1226)의 기도에서 잘 나타난다. "주여, 제가 변화시킬 수 있는 것에 대해서는 변화시킬 수 있는 힘을 저에게 주시고, 제가 변화시킬 수 없는 것에 대해서는 그것과 그대로 함께 살 수 있는 힘을 주십시오."

고대 기독교 수도사들에게 기도란 자아인식의 원천이었고, 자아실현은 수도사들이 지속해온 기도의 결과였다. 물론 자아실현이 기도의 목표는 아니었다. 수도사들은 자기 자신을 실현하려 한 것이 아니라 하느님을 찾으려 한 것이다. 알렉산드리아의 클레멘스(Clemens, 150~211/216)는 "모든 인식 중에서 가장 중요한 것은 자기 자신을 아는 것이다. 자기 자신을 아는 사람은 또한 하느님을 알게 될 것이다."라고 주장하면서, 인간은 자아인식으로부터 하느님에 대한 인식으로 옮겨간다고 보았다. 에바그리우스 폰티쿠스(Evagrius Ponticus, 345~399)는 이렇게 말했다. "네가 하느님을 알고자 하면 우선 네 자신을 알도록 힘쓰라."

지도자가 약속을 지키지 못한 두 번째 경우로, 국가가 외적의 침략과 폭력배로부터 국민을 안전하게 보호하지 못한다는 것이다. 카이사르가 정복한 지역은 주로 갈리아 지방(지금의 프랑스 일대)과 게르마니아(지금의 독일 일대) 지방이었다. 이곳은 외부의 적으로부터 약탈된 적이 거의 없었기 때문에 카이사르는 다른 지역을 정벌할 때보다 훨씬 더 많은 금은보화를 획득할 수 있었다. 독재자가 된 후의 권력기반을 다지기 위해 카이사르는 그렇게 모은 재물을 군대와 무산시민, 즉 프롤레타리아에게 나누어주었다. 극작가 베르톨트 브레히트(Berthold Brecht, 1898~1956)는 "카이사르가 세계를 정복한 것은 빚을 갚기 위해서였다."고 했다. 카이사르는 외침을 막았는가, 아니면 자신의 빚을 갚기 위해 국민을 전쟁터에 동원하고 죽였는가?

비용 측면에서 볼 때 전쟁 비용과 평화유지 비용 중 어느 것이 더 큰 국가방어 비용인지 알 수 없을 때가 많다. 기원 전후, 중국의 농민들은 결실의 계절인 가을을 두려워했다. 그 무렵이면 흉노(匈奴)라 불리는 북방의 기마민족이 어김없이 나타나 화살을 소나기처럼 퍼붓고 곡물을 약탈해 갔기 때문이다. 그런 이유로 한(漢)나라 때에는 약탈을 막기 위해 성(城)을 축조했다. 만리장성이 그 대표적인 예다. 그러나 흉노족의 약탈 때문에 죽는 사람들과 만리장성을 쌓는 데 동원되어 죽은 사람들을 비교하면 어느 쪽이 더 큰 손실인지 알 수 없다.

외침을 막기 위한 전쟁이 국가가 허락한 살인과 약탈이라면, 세금은 공인된 약탈이다. 하지만 국가가 세금을 거두고 그것으로 고용한 경찰이 국민의 재산을 늘 지켜주는 것은 아니다. 선진국일수록 개인주택의 안전은 경찰이 아니라 사설 경비업체가 책임지고 있다.

지도자가 약속을 지키지 못한 세 번째 경우는 평등을 달성하지 못한 경우다. 고대와 중세사회에서 구성원의 불만이나 폭동이 일어나는 것을 막으려면 평등을 유지하는 것이 급선무였다. 토머스 모어는 유토피아의 모습을 이렇게 그렸다. "사유재산이 존재하는 한, 그리고 화폐가 모든 것의 척도가 되는 한, 사회는 정의롭고도 행복하게 통치될 수 없다. 인간의 삶에서 가장 중요한 자원들을 사악한 사람들이 소유한 곳에는 정의가 존재할 수 없기 때문이다." 요컨대 토머스 모어의 주장은 재산의 평등이 없으면 유토피아라고 할 수 없다는 것이다.

농업은 다른 어떤 산업보다도 평등을 유지하기가 쉬웠기 때문에 국가의 지도자는 농업을 권장하고 상공업을 억제했다. 말하자면 우수 인력이 상공업에 종사하는 비율이 높아질수록 사회는 평등을 유지하기가 어렵다. 그리스 시대 스파르타는 상업과 공업행위를 국법으로 금지했다. 스파르타 시민들은 토지소유 계급으로 군사적인 활동에 전념했고, 매매행위와 생산활동은 전사들에게 어울리지 않은 활동으로 간주했다. 따라서 상공업은 페리오이코이(perioikoi, 주변에 거주하는 사람들) 계급에 맡겼다. 영토확장 과정에서 정복한 원주민이나 피정복민을 '페리오이코이'라고 불렀는데, 그들은 스파르타의 공동체를 형성하는 시민이었고 대부분 자치권을 가지고 있었다. 하지만 외교문제에 관해서는 스파르타인의 통제를 받아야 했으며 스파르타가 전쟁을 치를 때 군대와 자금을 지원해야만 했다. 스파르타는 또한 상거래를 불편하게 하기 위해 일부러 화폐를 큼지막한 철덩어리로 만들어 화폐유통을 억제했다.

로마의 정치인이자 웅변가 키케로(Marcus Tullius Cicero, BC106~43)는 아들에게 장래의 직업 선택과 관련하여 다음과 같이 조언했다. "사회적으로 존경받는 계층이 되기 위해서는 군인, 지주, 정치가가 되어야 하고, 그 아래로는 적어도 고위관리나 의사, 철학자(요즘으로서는 교사)가 되어야 한다. 상업을 하거나 상인이 되는 것은 피해야 한다. 그 이유는 상인이 큰돈을 벌려면 금방 사서 되팔아 이익을 남기거나 매점매석을 하는 등 부득이 거짓말을 해야 하고, 특히 가게를 갖게 되면 자유가 없어지기 때문이다. 가장 비천한 직업은 생선장수, 푸줏간, 요리사, 향수를 파는 사람이고, 춤꾼처럼 우스꽝스런 짓도 하지 말거라." 키케로가 생각한 가장 고상한 사람은 많은 토지를 소유하여 일은 노예에게 시키고 자신은 아무것도 하지 않는 사람이었다. 초기 기독교 철학자 아우구스티누스(Saint Augustine of Hippo, 354~430)는 "부를 좇는 자는 유혹에 빠지기 쉽다."라고 말했다.

지도자는 백성에게 약속한 평등을 실천하는 방법을 다른 데서 찾기도 했다. 하나는 세금을 더 거두거나 기부금을 받아 백성에게 나누어 주는 것이었다. 자국민에게 거둘 것이 없으면 전쟁을 일으키는 방법, 즉 자국민을 전쟁의 도구로 삼아 다른 사회 구성원의 부를 빼앗았다. 부유한 이웃을 둔 가난한 나라의 사람들은 좀 더 열심히 일하자는 의욕보다는 이웃에 대한 질투와 그들의 부를 빼앗으려는 약탈심리가 발생한다.

크로수스(Krosus, BC595~564)는 에게해 동쪽 해안에 위치한 작은 도시국가 리디아(Lydia)의 왕이었다. 헤로도토스(Herodotos, BC484~430)에 따르면 리디아 사람들은 그리스인들과 비슷한 관습을 가졌으며, 상업민족으로서 소매점을 처음으로 개설해 지속시켰다. 크로수스는 금을 채굴하여 엄청난 부를 축적하게 되자 세계 최초로 금속 주화(동전)를 제작하여 이를 통화로 사용함으로써 물물교환을 대신한 상거래를 시작했다. 이에 따라 리디아는 실제보다 훨씬 더 부유한 국가로 인식되었고, 그 결과 기원전 546년 페르시아에게 정복되고 말았다.

▮ 생각하는 인간과 일하는 인간

인류의 조상들은 진화를 거듭하면서 불의 발견, 도구의 사용, 쟁기와 같은 농기계의 발명, 수레바퀴와 도르래의 고안 등을 통해 적은 시간에 일을 더 많이 하고 더 쉽게 하기 위한 지혜를 짜냈다. 그러나 당시 기준으로 '지식 있는 사람들'은 대체로 일하는 방식을 개선하는 데는 무관심했다. 본질적으로 그들은 인원수가 적었을 뿐만 아니라, 그들에게는 들판이나 논에서 일하는 것보다 더 중요한 것이 있었다. 국가를 운영하거나 전쟁에 나가거나 신의 뜻이 무엇인지 생각하거나 학문과 자기수양을 하는 등 고상한 것에만 관심을 기울였다.

신성로마제국 황제이자 오스트리아의 왕 요제프 2세(Joseph II, 1741~1790)는 계몽군주로서 노동의 자유에 관한 칙령을 공포하는 등 개혁정책을 펼쳤다. 1782년 농사철이 시작되는 3월 어느 날 농부들이 봄 농사일에 분주한 들판에 도착한 요제프 2세 황제는 마차에서 내려 경작지 중앙에 있는 쟁기를 집어 들었다. 농부들은 일제히 환호성을 터뜨렸다. 그것이 형식적이라는 사실은 누구나 알고 있었다. 현대의 국가 지도자들도 그런 상징적인, 그러나 해를 끼치지는 않는 쇼를 하곤 한다.

중국에서는 자신이 일하지 않는 계층임을 표시하기 위해 손톱을 길게 길렀다. 유럽에서는 자신이 물건을 직접 지니고 다니지 않는다는 표시로 아예 주머니 없는 윗옷을 입었다. 물건을 들고 다니는 것은 하인이 할 일이었다. 우리나라에도 양반집에는 글 읽는 소리와 아이들 우는 소리가 들려야 했다. 만약 양반이나 주인이 직접 논밭에 나오거나 마님이 부엌에 들어오면, 머슴과 하녀는 왜 자신들의 일을 빼앗는가 하고 반발했다. 동서양을 막론하고 일이란 노예나 머슴이나 하인이 하는 것이었다.

개개인은 먹고살기 위해 일을 하고 남은 시간은 여가아 창작활동을 한다. 이러한 경우처럼 사회 전체적으로 식량생산 활동에 투입할 인력을 우선적으로 배정하고 남은 인력은 신전을 짓거나 공업생산 활동을 하거나 또는 노역에서 벗어나 창작활동에 전념하는 인구집단이 된다. 예컨대 국가의 관리, 성직자, 교사, 의사, 법률가, 예술가 등이다.

어떤 문명이든지 그 문명권에서 주로 재배하는 식용작물이 하나씩 있다. 프랑스의 경제 역사가 페르낭 브로델(Fernand Braudel, 1902~985)은 이를 문명작물이라고 명명했다. 대체로 서양은 밀, 동양은 벼, 남미의 인디오는 옥수수였다. 봄에 한 알의 식용작물을 심어 가을에 몇 알을 거두는가 하는 것을 산출비율이라고 한다.

서양에서는 16세기까지는 밀의 산출비율이 1대 5였다. 그 중 한 알은 다음 해의 씨앗으로 남기고 네 알을 먹었다. 산출비율이 1대 10이 되는 단계를 농업혁명이라고 하는데, 영국의 경우 18세기에 이 단계로 들어갔다. 농사에서 해방된 20~30퍼센트 인력은 공업생산, 즉 산업혁명을 위한 노동력으로 전환되었다.

동양의 벼농사는 산출비율이 1대 50이나 되었지만 농업활동을 위한 인구밀집 현상, 관개시설 유지 등 많은 인구를 먹여 살려야 했기 때문에 인구의 이동이 적었고, 그 결과 공업활동을 위한 노동력의 전환도 늦었다. 옥수수의 경우 산출비율이 1대 800이었고, 옥수수 농사는 수고롭지도 않았다. 따라서 농사일에서 벗어난 남미 인디오들의 남는 일손은 일찍부터 피라미드를 짓는 데 동원될 수 있었다.

고대 그리스와 로마

▌고대의 기술

고대의 기술이 가장 먼저 발달한 곳은 근동(近東) 지역, 즉 북동 아프리카, 서남아시아, 발칸 반도를 포함하는 지중해 동쪽 연안지역이었다. 여기서 말하는 기술이란 물론 오늘날 우리가 사용하는 고도의 과학기술을 의미하는 것은 아니며 초기의 실용적인 단일기능의 기술을 말한다. 왜냐하면 고도의 과학기술은 거의 한 가지 기술로 구성되지 않기 때문이다. 그리고 기술은 그것이 필요할 때 발명되는 것이 아니라 이미 그 이전에 발명되어 있거나 원리가 밝혀져 있지만 한 문명과 사회가 그것을 절실하게 필요로 할 때 빛을 발하게 된다.

잠수함은 레오나르도 다빈치(Leonard da Vinci, 1452~1519)가 최초로 설계했고, 군사용으로는 1775년 데이비드 부시넬(David Byshnell, 1742~1824)이 처음 제작했다. 그러나 그들의 시기에는 사람이 바다 속에 오랫동안 머물러야 할 이유가 없었기 때문에 실용화되지 못했다.

기술의 역사가 어떻게 전개되는가 하는 것을 보여주는 좋은 예가 컴퓨터의 발명이다. 컴퓨터의 최초의 뿌리는 2진법인데, 17세기 독일의 수학자이자 철학자 라이프니츠(Gottfried Wilhelm Leibniz, 1646~1716)가 모든 숫자는 0과 1로 표시할 수 있다는 것을 알렸다. 두 번째 뿌리는 19세기 영국의 발명가 찰스 바베지(Chrales Babbage, 1792~1871)가 기계식 치차(齒車)를 이용하여 10진법을 표시할 수 있고, 4가지의 산술기능, 즉 가감승제를 할 수 있다는 것을 발견한 것인데, 이것이 '계산기계'의 진정한 발견이다. 그 다음에는 20세기 초,

알프레드 화이트헤드(Alfred North Whitehead, 1861~1947)와 버트런드 러셀(Bertrand Russell, 1872~1970)이 그들의 공저 《수학원리》를 통해 어떠한 개념도 논리적으로 제시할 수만 있다면 수학적으로 표현될 수 있음을 증명했다. 제1차 대전 직전, 미국인 리 포레스트(Lee de Forest, 1873~1961)는 전자파를 음성파로 바꾸는 오디온 진공관(Audion tube)을 발명했다. 그래서 말과 음악을 방송으로 내보내는 것이 가능하게 되었던 것이다.

이러한 이론을 이용하여 오토 노이라스(Otto Neurath, 1882~1945, 제1차 대전 때 미국 전쟁 생산국에서 통계관으로 근무했다)는 하나의 '논리적 근거'를 추론했다. 그것은 새로운 주장이든 그 반론이든 간에 어떤 분야(예컨대 해부학, 천문학, 경제학, 역사학, 동물학의 경우)의 정보를 수량적으로 표시할 수만 있다면 그것은 정확하게 같으며, 같은 방법으로 처리될 수 있고 표현될 수 있다는 것이다. 이 아이디어는 현대 통계학의 기초가 된다. 그로부터 20년 후, 당시 중규모의 펀치카드 제조회사였던 IBM에 근무하던 엔지니어들은 2진법을 전자적으로 표시하는 데 오디온 진공관을 이용할 수 있다는 것을 발견했다.

지금까지의 여러 사건들 가운데 어느 하나라도 발견되지 않았다면 컴퓨터라는 발명은 불가능했을 것이다. 그리고 누구도 그 어느 것이 가장 중요한 요소라고 말할 수 없을 것이다. 모든 사건들이 제때에 일어났기 때문에 불가피하게 컴퓨터가 실질적으로 발명된 것이다. 그러나 제2차 대전이 아니었다면 아마도 컴퓨터는 영국의 개발품이 되었을 것이다. 사실 식품제조 및 식당업을 하던 영국의 제이 라이온스 회사(J. Lyons & Co)는 1940년대에 최초로 상용 목적의 컴퓨터를 발명했는데 그것은 실제로 잘 가동되었다. 그러나 라이온스는 미 국방성과 견줄만한 자금을 모을 수 없었으므로, 더 발전된 컴퓨터 개발을 포기하지 않을 수 없었다.

제2차 대전이 발발하자 미 국방성은 하늘과 바다에서 빠른 속도로 움직이는 적군의 비행기와 군함들의 위치를 신속히 계산할 수 있는 계산기를 개발하는 데 막대한 투자를 하기로 했다. 물론 전쟁이 끝날 때까지 그다지 완전한 것을 개발하지는 못했지만 말이다.

반면 고대 그리스 로마의 지식은 서로 결합하지 않고 단기능으로 그쳤다. 이집트의 거대한 피라미드들은 정확하게 북쪽에서 남쪽을 향해 늘어서 있다. 그들은 1년이 365일로 된 달력을 개발했다. 이런 사실은 이집트의 지식인들이 태양과 달과 별에 관해 잘 알고 있었다는 것을 말해준다. 고대 이집트와 남미에서 발견된 미라(mirra)는 그들이 해부학 지식과 해부기술을 보유했음을 의미한다.

의학의 아버지로 불리는 그리스의 히포크라테스(Hippocrates, BC460~377)는 의학을 신과 주술로부터 해방시켰다. 데모크리토스(Democritos, BC460~370)는 원자론을 주장했고 우주의 실체는 물질이라고 믿었다. 반면 피타고라스(Pythagoras, BC580~500)는 우주를 형체와 수의 관점에서 보아야 한다고 생각했다. 아리스토텔레스는 원자를 인정하지 않았다. 만약 물질이 원자로 이루어져 있다면 원자들 사이에 공간이 있어야 한다고 생각했기 때문이다. 그 공간은 진공일 수밖에 없는데, 그는 진공을 믿지 않았다. 아리스토텔레스의 추종자들은 그의 말이라면 무조건 신뢰했기 때문에 데모크리토스가 꺼낸 원자에 관한 이야기는 차츰 사라지고 말았다. 아리스토텔레스는 자연속의 모든 것은 각자 자기 자리를 가지고 있다고 생각했다. 물고기는 물속에서 헤엄치고, 새는 하늘에서 자유롭게 날고, 어떤 사람은 부자로 태어나고, 어떤 사람은 가난하게 태어나는 것에 대해 아리스토텔레스는 이렇게 대답했다. "그것이 바로 그들이 지니고 태어난 본성이기 때문이다."

아르키메데스(Archimedes, BC287~212)의 원리는 전쟁무기와 투석기 그리고 배를 설계할 때 매우 유용하게 쓰였다. 프톨레마이오스(Ptolemaeos, 127~145)가 편찬한 천문학과 수학 백과사전 《알마게스트(Almagest)》는 행성들이 일정한 운동을 한다고 설명한 플라톤의 원칙에 기초를 두고 있었는데 중세 후반까지 최고의 천문학 책으로 자리 잡았다. 아랍의 수학자들은 그리스인과 인도인들에게서 최고의 것만을 받아들여 방정식, 삼각법, 수의 계산 등에 능숙했다. 그들은 로마 숫자에는 없던 '0(zero)'이라는 기호를 만들어냈고, 각 숫자를 나타내는 기호도 고안해냈다.

그리스인들은 일관성 있는 과학적 활동과 과학적 사고를 했던 최초의 사람들이었다. 그러나 당시 기술은 '테크네'로서 전적으로 실용적인 적용을 지향했고, 과학적이고 일반적인 이론들과는 아무런 관계가 없었다.

▌고대 그리스의 지식기능

고대 그리스 시대의 지식인들은 물질적 욕구를 멸시했고 기술적 연구를 무가치한 것으로 여겼다. 또한 과학의 목적은 적용이 아니라 명상이었음이 분명하다. 플라톤은 사물의 본질인 이데아를 찾는 활동,

즉 이성의 추상적인 활동만을 중요하게 여겼기 때문에 과학지식을 실용적인 문제에 적용하는 데는 어떠한 타협도 하지 않았다. 아르키메데스는 플라톤보다 더했다. 그가 과학지식을 군사 및 병참활동 등 어느 정도 현실에 '적용'했다는 것은 사실이지만, 그는 수량적 계산의 정확성을 입증한 후에는 기계를 파괴해 버렸다.

그리스인들은 물질적인 욕구와 실제적인 삶의 향상을 경멸했고, 지적 활동의 목표를 명상에 두었다. 노예제도로 인해 수작업을 경시했으며, 무력 사용을 거부했으며 자연에 대해 경외감을 품고 있었다. 그리스인들이 기술활동을 탐탁하게 여기지 않은 이유는 기술활동은 무력의 잔인한 측면을 나타내며 중용의 결핍을 의미하기 때문이다. 그리스인들이 생각하는 최고의 가치는 절제(self-control)였다. 기술에 대한 거부는 자아성취, 운명에 대한 인식 및 주어진 삶의 수용이라는 점에서 고의적이고도 긍정적인 행위였다. 따라서 생리적 욕구를 직접적으로 해결하는 가장 순수한 기술들만이 허용되었다. 지식에 대한 태도가 이러한 사회에서는 물질적 욕구들이 결코 우위를 점할 수 없었다.

▌고대 로마의 지식기능

고대 로마제국은 BC 753년 4월 21일 로물루스(Romulus)가 창건했고 기원후 476년 서로마제국 마지막 황제 로물루스 아우구스투스(Romulus Augustus)가 게르만족의 용병 대장 오도아케르(Odoacer)에 의해 살해되면서 역사의 막을 내리기까지 1,200년 이상 유지되었다.

BC 146년 강력한 해상무역국가 카르타고를 물리치고 지중해 일대를 통일할 때까지 로마는 끊임없이 전쟁을 했다. 드디어 로마는 그리스를 포함하여 지중해 전역을 장악했다. 로마인들은 특별히 과학자들을 박해하지는 않았지만 별로 돕지도 않았다. 그러다 BC 1세기부터 기원후 1세기 사이에 로마에 기술 부흥이 일어나고 경제 및 군사 분야, 수송 분야와 관련한 실제적인 필요에 따라 동물의 힘을 이용한 기계, 예컨대 대장간의 풍로(風爐), 물레방아의 펌프, 쟁기, 나사압착기 등을 사용했다. 로마인들은 기술의 적용에 대한 놀라운 이해력을 가지고 있었다. 또한 그들의 법률 시스템은 제국 내의 어디에나 적용될 수 있었으며 또한 일관성 있게 적용되었다. 이러한 것들은 로마가 도입한 새로운 현상이었다. 그 후 로마는 기술적인 퇴보 속으로 빠져들게 된다. 제국의 종말이 가까웠던 것이다.

대부분 중소 자영농민층이었던 평민은 전쟁 중에 전사하거나 큰 부상을 입었다. 다행히 무사히 귀향했다 해도 농토는 폐허가 되어 헐값으로 대지주에게 넘어갔다. 정부에서 새로운 화폐를 풀어도 가난한 농민이나 노동자에게 돌아가지 않고 부자들의 금고 속으로 퇴장되었다. 따라서 평민은 어쩔 수 없이 가지고 있던 조그마한 땅을 팔고 도시로 몰려들었고 국가의 보호를 받게 되었다. 이렇게 토지 없이 날품팔이를 하는 무산 평민을 프롤레타리아라고 불렀다.

로마 시내로 몰려든 프롤레타리아는 때때로 자신들에게 유리한 정치가를 지지하는 데모를 벌였다. 물론 반대하는 정치가에 대해서는 반대 시위를 했다. 어느 경우든 정치가들은 프롤레타리아에게 공짜 빵과 서커스를 제공했다. 그 서커스 중 가장 인기 있는 것이 바로 콜로세움에서 맹수와 맞서거나 검투사끼리의 생사를 건 결투였다. 프롤레타리아보다도 더 못한 존재였던 노예는 '생명이 있는 도구' 일 뿐이었다. 로마에서 빈부격차가 크게 벌어지게 된 것은 로마가 여러 전쟁에서 이기면서 얻은 노예 때문이었다. 노예는 평민의 일자리를 대체했다. 노예를 이용하여 생산하는 대지주는 소지주보다 제품생산에서 경쟁력이 더 있었다.

빵과 서커스를 무료로 제공하는 데 필요한 재원을 조달하기 위해 로마는 식민지나 속주의 주민들을 가혹하게 다루었다. 혹독한 징세로, 로마제국은 서서히 쇠퇴해갔다. 로마의 역사가 타키투스(Publius Cornelius Tacitus, 56~120)는 이런 현실에 대해 "로마인은 식민지를 폐허로 만들고 그것을 평화라고 불렀다."고 서술했다. 로마시대 최고 입법기관인 원로원을 장악하지 못한 카이사르는 전쟁 중에 획득한 재물을 대중에게 나누어주면서 인기를 얻고 정치를 독재체제로 몰아갔다. 이를 시저리즘(Caesarism)이라 한다.

이런 식으로 개인적인 야망을 달성하기 위한 수단으로 대중의 인기에 영합한 선동적인 정치가를 포퓰라레스(Populares)라고 불렀는데, 오늘날 인기영합주의 정치를 말하는 포퓰리즘(populism)의 어원이기도 하다. 카이사르는 전쟁에서 획득한 재물을 프롤레타리아에게 나누어주었지만, 현대의 포퓰리스트는 부자의 재산을 빼앗아 빈자에게 나누어준다. 선동하는 사람들이 저지르는 가장 큰 죄악은 사람들이 성취욕구를 가지고 자신의 문제를 창의적으로 해결하려는 의욕을 말살시킨다는 점이다.

로마제국은 제5대 황제 폭군 네로(Nero Claudius Caesar Augustus Germanicus, 37~68, 재위 54~68) 시대부터 서서히 몰락의 길을 걷게

된다. 네로는 다음과 같은 말도 서슴지 않았다.

"저 남자노예를 여인으로 만들라."

"부자들에게 황제에게 재산을 넘긴다는 유서를 쓰게 하고 자살케 하라."

"나는 전쟁터로 나아가 아름다운 노래로 적을 감동시켜 그들 스스로 잘못을 뉘우치게 하리라."

"나는 스스로 신이 되어 영생할 것이다."

로마 역사에서 화폐 변조를 처음 시작한 것은 네로 황제였다. 네로가 은화 데나리우스에서 은의 함량을 90퍼센트로 줄여버리자, 그 다음의 여러 황제들도 계속 변조해서 결국 데나리우스의 은 함량은 50퍼센트 수준까지 낮아졌다. 그러나 일반적으로 화폐 가치의 하락이 만들어내는 물가상승은 일어나지 않았는데, 그 이유는 기본적으로 은화를 주조할 수 있는 은의 양이 부족했기 때문이었다. 190년 카라칼라(Caracalla, 186~217) 황제 때부터 로마는 장기적인 인플레이션이 발생한다. 카라칼라 역시 화폐를 변조했다. 물론 그 이유는 축제, 기념비 건립, 궁전의 건축, 평민들에게 주는 선물 등으로 사용할 돈이 부족했기 때문이다. 그 점은 예나 지금이나 마찬가지다.

지금은 국채 발행과 세금을 높이는 방법이 있다. 그러나 로마 시절에는 국채 발행은 거의 없었고, 부유층에게서는 세금을 극히 조금만 받았다. 네로는 짐꾼, 포주, 창녀, 공중목욕탕 손님에게도 세금을 거두었다. 카라칼라는 기존의 데나리우스 발행을 중지하고 은의 함량을 1.5배 늘린 새로운 은화를 주조해서는 기존의 은화보다 2배나 되는 가치를 매겼다. 그러자 사람들은 새로운 은화, 즉 소위 악화를 받으려 하지 않았다. 그 뒤 군사적 무정부 상태가 되면서 은 함량은 겨우 5퍼센트 수준으로 떨어졌고, 종국에는 은이 전혀 들어가지 않은 은도금 화폐가 발행되었다. 물가는 치솟고 화폐는 거래기능을 상실하여 물물교환의 시대로 되돌아갔다. 부지불식간에 화폐의 퇴장과 인플레는 로마의 멸망을 촉진하는 역할을 했다.

서로마제국의 종말이 가까워지면서 사치와 향락이 극에 달했다. 로마사람들은 맛있고 귀한 음식을 더 많이 먹기 위해 먼저 먹은 것을 토해내고 또 다시 음식을 먹었다. 그런데 토하게 하는 약물에 수은이 다량 함유되어 있었기 때문에 수은에 중독된 귀족과 부자는 기운이 없어지고 몸은 서서히 망가졌다.

▌지식의 보급수단이었던 '책'을 차단하다

313년 로마제국의 황제 콘스탄티누스(Constantinus, 306~337)가 밀라노 칙령(Edict of Milan)으로 기독교를 공인하자, 로마가 기독교국가(christendom)가 되었다. 기독교의 융성은 과학자와 철학자에게 도움이 되지 않았다. 기독교는 사악한 인간들을 벌하기 위해 종말이 온다고 믿었고, 모든 신기한 과학적 지식도 천국에 가면 아무런 쓸모가 없다고 생각하여 우주만물의 원리를 밝히려는 연구를 장려하지 않았다.

심지어 세속의 지식과 과학을 이단으로 여겨서 415년 알렉산드리아의 키릴 주교(Cyrill of Heliopolis, 380~444)는 세라피스(Serapis) 사원의 장서를 불태웠다. 진시황(BC259~209)의 분서갱유(焚書坑儒)도 같은 목적이었다. 그리고 지도자는 백성들에게 교육을 제공하지 않았다.

1500년~1650년 서양은 인쇄된 책을 중심으로 학교제도를 다시 조직했는데, 확실히 이 신기술의 활용은 서양이 세계의 주도권을 확보하게 되는 중요하고도 유일한 요인이 되었다. 이슬람제국과 중국이 점차 서양에 뒤쳐지다가 결국 무릎을 꿇게 된 것도 어찌 보면 이 신기술을 거부했기 때문이다.

물론 이슬람과 중국은 인쇄술을 받아들였다(중국에서는 비록 활판인쇄는 아니더라도 수세기 동안 책을 인쇄하고 있었다). 그러나 이슬람과 중국은 이 신기술을 교육에 적용하지 않았으며, 인쇄된 책을 배우고 가르치는 도구로 채택하지 않았다. 이슬람 종교 지도자들은 기계적으로 외우고 암송하는 방식을 고집했다. 그들은 인쇄된 책을 권위에 대한 도전으로 보았는데, 엄밀히 말하면 책이 학생들로 하여금 스스로 혼자서 배울 수 있게 하기 때문이었다.

중국에서는 유학자들 역시 같은 이유로 인쇄된 책을 거부하고 붓글씨에 의한 저술을 고집했다. 인쇄된 책은 중국문화의 핵심적 전통과는 양립할 수 없었다. 즉 서예를 통달하는 것은 지도자로서의 자격을 갖추는 것인 동시에 백성들이 지식에 접근하지 못하게 하려는 의도가 담긴 것이었다.

▌아우구스티누스의 《신국》

"서로마제국을 망하게 한 원인이 무엇인가?"라는 질문에 대한 가장 우세한 대답은 '기독교'라고 할 수 있다. 그 이유는 두 가지고 볼 수 있다. 하나는 기독교 지도자들이 로마 사람들에게 '천국을 위해 지상의 삶을 포기하라'고 가르쳤기 때문에 로마 사람들의 국가에 대한 봉사와 애국심이 감소되어 국력이 쇠퇴했다는 것이다. 서로마제국은 말기에 가까울수록 통치자의 권위가 급격히 떨어졌다. 180~284년까지 25명의 황제가 등극을 했는데, 자연사는 겨우 두 명뿐이었다. 21명은 암살을 당했고, 한 명은 전쟁 중 부하에게 배신당했으며, 또 한 명은 페르시아에 잡혀가서 실종되었다. 452년 훈족의 족장 아틸라(Attila the Hun, ?~453)가 쳐들어와 서로마의 발렌티아누스 3세(Valentinianus, 425~455) 황제를 수도 라벤나에서 몰아내자 당시 한 수도자는 이렇게 외쳤다. "아틸라여, 당신은 주님께서 보내신 징계의 채찍(the Scourge of God)입니다."

기독교가 서로마제국 멸망의 또 다른 원인이 되는 이유는, 313년 밀라노 칙령 이후 모든 이교도신들을 부정하고 신전을 파괴했기 때문에 이교도신들이 진노하여 로마제국에 재앙을 내렸다는 것이다. 달리 말해 신앙이 금지당하고 신전을 파괴당한 이교도들이 로마제국의 몰락을 위해 결사적으로 나쁜 여론을 유도했다는 것이다.

이러한 이교도들의 주장을 반박하고 기독교를 옹호하기 위한 저술이 바로 아우구스티누스(Aurelius Augustinus, 354~430)가 쓴 《신국(神國, De Civitate Dei)》이다. 아우구스티누스는 기독교를 정당화하기 위해 《신국》의 많은 부분을 할애하여 "기독교인들은 선민들이다."라고 공언했다. 그러나 '선민'의 관심의 초점은 세속적으로 잘 사는 행위가 아닌 다른 것들이었다. 아우구스티누스는 신국이란 기독교 국가이며 그 반대인 이교도 국가나 세속 국가(Civitas mundi)와 신의 나라가 서로 얽혀 있지만 결국 신국이 승리한다고 주장하고 있다. 《신국》은 철학에 대해서도 "참된 철학자는 하느님을 사랑하는 자"로 요약되는데, 이것은 종교적인 운명론이다.

아우구스티누스는 《신약성서》의 기독교 교리와 그리스의 플라톤 철학을 결합했는데, 플라톤주의는 인간의 내면이 외면보다 우월하며, 궁극적 실재에 도달하는 정신은 인간의 가장 깊은 자아의 중심에 있다는 것이다. 즉 아우구스티누스의 주장은 하느님에게 돌아가려면 육체에서 떠나야 한다는 것이었다. 그것은 로마서 13장 14절의 내용과 같다. "주 예수 그리스도로 온몸을 무장하십시오. 그리고 육체의 정욕을 만족시키려는 생각은 아예 하지 마십시오."

아우구스티누스의 사상은 중세 로마가톨릭교회를 지배했고, 르네상스 시대에는 프로테스탄트를 낳았다. 그 후 기독교는 기반이 흔들리기 시작했고 다른 영향력들에 의해 침식되기 시작했다.

플라톤과 마찬가지로 아우구스티누스는 참된 지식을 만드는 능력을 밖에서 찾지 않았다. 교사가 할 일이란 학생이 이미 알고 있되 의식하지 못하는 것을 스스로 찾도록 돕는 데 있다고 보았다. 그런 직관적 지식의 예로 수학적 명제들과 도덕가치의 인식을 들었다. 또 아우구스티누스는 내재적이며 동시에 초월적이고도 변하지 않는 빛인 하느님은 우리의 직관을 통해 진리와 선을 알려주는 근원이므로, 하느님의 발견은 합리적인 추리의 결론으로 얻어지는 것이 아니라고 생각했다. 그것은 신비적인 체험이요 환상이며, 왔다가 사라지는 접촉이었다.

중세

▌서로마제국의 몰락과 신성로마제국

고대 로마제국의 멸망을 언제로 보는가 하는 문제는 이 책의 논의거리가 아니다. 즉 395년 동서 로마의 분할로 볼 수도 있고 476년 서로마제국 몰락, 또는 1453년 비잔티움 제국 멸망의 시기로 볼 수도 있다. 어쨌거나 476년 서로마 제국이 멸망했을 때 아리스토텔레스의 사상도 운명을 같이했고, 12세기까지는 다시 등장하시 않았나.

서양은 그 후 14세기까지 공식적으로 기독교 세계였다. 4~14세기에 걸친 소위 기독교 시대에는 기술의 관점에서 로마의 붕괴를 확인할 수 있다. 예컨대 도시건설, 산업, 교통뿐만 아니라 조직 분야까지 그렇다. 그것은 기독교인들이 기술활동에 대해 경멸적인 시선을 가지고 인간의 적으로 간주했기 때문이었다. 특히 4~10세기까지는 기술을 완전히 망각한 시대였고 기술이 반기독교적인 논쟁의 핵심이었던 암흑의 시대(Dark Age)였다(물론 중세시대는 암흑의 시대가 아니었다는 주장도 있다).

서로마제국이 멸망하자 서유럽에서는 잉글랜드, 프랑크, 독일 지방이 번창했고, 지중해 지방에서는 베네치아와 제노바 두 공화국이 세력을 얻었다. 두 공화국은 모두 기독교 국가이고 종교적으로는 로마가톨릭교회의 영향 아래에 있었다. 그리고 서로마제국이 멸망한 후 서유럽에서는 오랫동안 새로운 로마제국이 탄생하는 데 필요한 몇 가지 조건이 형성되고 있었다. 첫째, 이탈리아 서쪽에는 '세계적이고 비록 정치적인 현실성은 없었음에도 불구하고 영원한 로마제국'이라는 관념이 여전히 존속했다. 둘째, 콘스탄티누스 황제가 기독교로 개종한 뒤 서유럽 여러 민족의 다수가 '기독교 왕권' 또는 '기독교도의 로마제국'이라는 관념을 갖고 있었다. 기독교도들은 로마제국을 세계의 마지막 국가로 설정하고 기독교적 종말론적 입장에서 세계의 종말이 곧 신의 나라로 들어가는 입구라고 생각했다. 셋째, 새로운 로마제국을 세우는 데 충분한 권력과 지위를 지닌 인물, 즉 프랑크 왕 샤를마뉴(Charlemagne, 742~814, 황제 재위 800~814)가 나타났다. 800년 샤를마뉴 황제의 대관식과 함께 드디어 신성로마제국이 창건되었다.

유럽에 과학이 서서히 보급되는 데는 샤를마뉴 황제의 영향이 컸다. 샤를마뉴 황제는 글을 읽지 못했기 때문에 교육의 필요성을 느꼈다. 787년 그의 명령으로 수도원에 학교가 생겼고, 이 수도원 학교들이 발전하여 대학이 된다.

중세 신성로마제국은 교황청과 함께 서유럽에서 가장 지위가 높고 중요한 위치에 있었다. 그러나 신성로마제국의 역사를 제국 구성국들의 역사와 혼동하거나 동일시해서는 안 된다. 제국을 구성한 각 영토는 각각 자국의 정체성을 유지했고, 역대 신성로마제국의 황제는 대관식 때 자기가 속한 나라의 왕관을 썼다. 샤를마뉴 황제부터 1806년 마지막 황제 오스트리아의 프란츠 2세(Franz II, 1768~1835)가 스스로 물러날 때까지 1000년 동안 신성로마제국에서는 황제 자리를 둘러싼 많은 우여곡절이 있었다. 처음에는 카롤링거 왕조의 프랑크족 황제, 다음에는 호엔슈타우펜 왕조를 비롯한 독일인 황제, 후기에는 합스부르크 왕가가 신성로마제국의 영토를 통치했다.

프랑스의 기술사회학자 자크 엘루(Jacques Ellul, 1912~1994)에 따르면, 10~14세기까지 사회는 활기 넘치고 결속력이 있는 발전의 시기였으나 기술에 대한 의지는 전혀 없었다. 조직의 관점에서 그 당시는 문자 그대로 무정부적이었고 비기술적인 사회였다. 그 시기는 '비자본주의적(a-capitalistic)'이면서 '비기술적(a-technical)'인 시기였다. 12세기 초에 매우 미약한 기술운동이 그 형태를 잡아가기 시작한 것은 동양의 영향력 때문이었다. 서양문명의 기술적인 자극은 처음에는 유대인들과 베네치아 상인, 그 후에는 십자군이라는 매개를 통해 동방으로부터 유입되었다. 하지만 그 수준은 예술 분야를 제외하고는 단순히 본 것을 모방하는 정도였다.

건축기술이 발전했지만 그것은 기술 발달의 결과가 아니라 종교적인 열정에 의한 것이었다. 건축기술을 제외한 농업 및 산업 분야에서도 기술이 발달하지 않았다. 농업과 산업활동을 개선하려는 노력은 거의 없었다. 역사 서술에 중요한 계기가 되는 군사 분야에서도 마찬가지였다. 전투는 가장 기초적인 형태, 즉 양쪽에서 일렬로 정렬한 다음 백병전으로 싸우는 형태였다.

그러나 중세는 단 한 가지의 새롭고 완벽한 기술을 낳았는데, 바로 스콜라 철학의 지적 추론기술이었다. 스콜라 철학은 가톨릭교회의 부속학교에서 교회 교리의 학문적 근거를 체계적으로 확립하기 위해 이루어진 기독교 변증(辨證)의 철학이었다. 이것은 기존의 자료를 모으고 분류하고 배열한 뒤 원문과 문제를 체계적으로 논의하는 단계를 거쳐 마침내 획득 가능한 진리 전체에 관한 포괄적 견해를 제시한다.

고대 철학의 전통적 권위에 의존하여 주로 아리스토텔레스 및 플라톤의 철학을 원용한 학문의 체계를 세우려 했으며, 토마스 아퀴나스 (Saint Thomas Aquinas, 1224~1274)가 집대성했다. 하지만 그토록 놀라운 수단을 가진 스콜라 철학은 결국 극단적인 형식주의가 되어버려 스콜라 철학자들의 놀라운 지적 능력에도 불구하고 수세기 동안 지적인 측면이나 역사적인 측면에서는 어떠한 성취도 발견할 수 없다. 따라서 서양의 기술적 운동은 기독교의 지배적인 영향력 밖에서 발달했다.

▌기술발전을 거부한 기독교

실질적으로 기독교가 기술발전을 저해한 것은 분명해 보이지만, 신학적인 관점에서는 두 가지 측면에서 기독교가 기술발전을 위한 길을 닦았다고 주장하는 설도 있다.

첫째, 기독교가 기술발전의 최대 장애인 노예제를 반대했다는 주장이다. 사람들은 자유로워지는 순간부터 노동이라는 고통에서 해방되기 위해 기술을 지향한다. 따라서 노예제는 기술 발전의 장애라고 볼 수 있다. 만약 중세시대에도 노예제도가 그대로 있었더라면 기술이 덜 발달했을 것이다. 노예를 계속 사용할 수 있었다면 누가 기계를 발명할 필요를 느끼겠는가? 기독교가 노예제도를 폐기하자 사람들은 생력(省力) 기술의 개발에 나섰는데, 수차와 풍차를 개발하여 여러 가지 일들을 해결했다.

1086년 영국에만 수차가 5,000개 이상 있었다고 한다. 중세 말기의 영국에서는 물레와 매우 정교한 인쇄술을 사용하고 있었다. 아랍인들을 통해 중국인이 발명한 제지법이 전해졌기 때문에 가능한 일이었다. 매우 간단해 보이지만 철제 보습과 말과 소의 목사리를 발명함으로써 그전까지는 무거운 짐을 끌 때 생기는 하중이 불쌍한 짐승의 어깨가 아니라 숨통에 가해졌다. 농업도 크게 발달했다. 토목과 건축은 로마시대 이후 최대의 번성기를 맞이했으며, 건축가들이 만든 화려한 성당은 사람들의 눈을 황홀하게 만들었다.

두 번째 근거는, 기독교가 자연을 세속화함으로써 자연을 개발하게 해주었다는 주장이다. 고대 그리스 로마인들은 자연에 대한 경외감에 사로잡혀 있었기 때문에 신이라는 비밀에 대해 감히 접근할 수 없었다.

하지만 이들 주장에 대해서는 반론도 크다. 우선 노예제도가 융성했던 이집트가 노예제도가 없었던 이스라엘보다 훨씬 더 기술적인 발전을 이루었다. 그리고 노예가 모두 해방되었던 시기보다 노예가 존재했던 로마제국의 시기에 기술이 더 크게 발전했다. 노예 해방은 심지어 장기적인 측면에서조차도 어떠한 기술적 발전도 촉발시키지 않았다. 따라서 기술과 노예제도의 관계는 결코 절대적인 것이 아니라는 주장이다.

둘째, 자연의 개발이 가능해졌다고 하지만 기술발전에 반대하는 기독교의 또 다른 요소가 있었다. 기독교인들은 모든 인간활동에 대해 도덕적인 판단을 내렸는데, 자연을 개발하기 위한 기술적 활동도 기독교의 도덕적인 판단을 벗어나지는 못했다. 생산양식이나 조직양식을 바꾸려는 모든 시도에 대해서도 '그것이 과연 의로운 일인가?'라는 질문을 했던 것이다. 여기서 의롭다는 의미는 기술이 사람들에게 유용하고 이로울 수 있다는 측면이 아니었다. 그 선택은 하느님 앞에서 의롭다는 정확한 개념에 꼭 들어맞아야만 했다. 즉 기술이 모든 관점에서 올바르다고 판단될 경우에만 채택되었으며, 그때조차도 매우 조심스럽게 적용되었다. 가치가 있다고 판단되는 기술발명만이 허용되거나 알도록 허용되었던 것이다. 몇몇 수도사들이 기술적 수단을 전파하고 발전시킨 것은 이러한 제한된 범주 내에서였다.

▎역사적 사회계급 : 봉건기사와 수공업장인

마르크스를 비롯하여 19세기 지식인들은 기계의 등장으로 인한 산업혁명이 '생산양식'을 바꾼 최초의 시대라고 믿었고, 생산양식의 변화는 사회구조를 바꾸고 새로운 계급인 자본가 계급과 프롤레타리아 계급을 만들었다고 주장했다. 그러나 이런 생각은 타당하지 않다. 기원후 700~1100년까지 유럽에는 기술의 변화로 인해 두 개의 새로운 계급이 태어났는데, 하나는 봉건기사 계급이고 다른 하나는 도시의 수공업장인 계급이었다.

먼저 기원후 700년경 중앙아시아에서 발명되어 유럽으로 전파된 고정 등자(固定橙子)는 기사들로 하여금 말 잔등에 앉아서 싸울 수 있도록 함으로써 기사 계급의 새로운 등장을 도왔다. 등자가 없이는 창이나 칼을 휘두를 수 없으며, 대궁을 쏜 기사들은 "모든 작용에는 반작용이 있다."는 뉴턴의 제2법칙에 따라 바닥으로 나뒹굴 수밖에 없었기 때문이다. 수백 년 동안 기사는 무적의 '전쟁기계'였다. 그러나 그 전쟁기계는 새롭게 역사의 한 페이지에 등장한 개념인 '군농(軍農) 복합체'에 의해 부양되었다. 독일 사람들은 금세기 직전까지 군농 복합체를 기사령(騎士領, Rittergut)이라고 불렀는데, 기사의 영지는 법적 지위가 부여되었고 경제적 정치적 특권이 주어졌으며, 그 전쟁기계(즉 기사, 종자, 말 세필, 그리고 12~15명의 마부들)를 먹여 살리는 데 필요한 식량을 생산하기 위해 적어도 농민 50가구 또는 200명의 사람을 데리고 있었다. 한마디로 등자는 봉건제도를 탄생시킨 것이다.

수공업장인 계급의 등장은 1100년경 수차와 풍차를 진정한 기계로 만들어 고대사회가 동력원으로 사용하던 인간의 근육을 대신하여 처음으로 무생물의 동력, 즉 물과 바람을 이용하고서부터다. 고대사회의 장인은 노예였다. 그러나 최초의 '기계시대'인 중세로 접어들어 장인은 도시의 지배계층이 되었고 '자치도시의 시민'이 되었다. 그들은 유럽의 독특한 길드도시를 만들었고, 또한 고딕양식과 르네상스를 창조했다. 등자, 수차, 풍차와 같은 기술혁신들은 구대륙의 구석구석까지 빠른 시간에 보급되었다.

이러한 초기 산업혁명시대 장인들의 지위 향상은 완전히 하나의 유럽적 현상으로 남아 있었고 다른 세계로 퍼져나가지 않았다. 다만 일본은 기원후 1100년경 장인의 지위가 향상되었는데, 자긍심 높고 독립적인 장인들이 존경받기 시작하여 1600년쯤에는 꽤 큰 권력도 소유했다. 그러나 일본 무사들은 말을 탈 때 등자를 채웠으나 전쟁 때는 계속 보병 중심으로 싸웠다. 중세시대 일본의 통치자들은 보병지휘관, 즉 '사무라이'였다. 사무라이는 농민들로부터 세금을 받았지만 봉건 영지는 없었다.

▌십자군전쟁과 교역기술

흔히 5세기 중엽에서 11세기에 이르는 중세 유럽을 '암흑시대'라고 표현한다. 하지만 중세의 역사 가운데 오늘날 무역활동, 상거래, 인간의 조직행동과 관련하여 가장 많은 교훈을 제공하는 사건들 중 하나가 십자군전쟁(1096~1291)이다. 유럽 전체가 함께 일어나 시작한 십자군전쟁은 결국 실패로 끝난다. 그러나 유럽이 기독교 신앙이라는 명목으로 단결할 수 있음을 확인한 것은 큰 소득이었다.

중세의 문화는 봉건제도와 기독교 문화로 집약된다. 그런데 십자군전쟁은 봉건제도의 꽃인 기사계급을 몰락시키고 또 정신적 지주였던 기독교회를 약화시키면서 중세의 몰락을 재촉하는 계기가 되었다. 그 뒤 르네상스시대가 이어진다.

일반적으로 생각하는 것과는 달리 중세 사람들 역시 물질을 탐했다. 중세 사람들도 소유에 집착했고 탐욕스러웠다. 일부 역사가들의 견해이긴 하지만 십자군 원정은 유사 이래 가장 큰 쇼핑여행이었다는 말은 사실이다. 중세는 그들이 가난을 선택했기 때문에 가난했던 것이 아니라 소비할 제품이 없었기 때문이다. 게다가 이슬람 세력이 헬레니즘 세계와 지중해 연안을 정복하면서 중세의 유럽 사람들은 오래된 부의 생산지에 접근할 수 없었다는 배경에 주목해야 한다. 이런 현실적 문제를 해결하려는 것이 십자군전쟁의 숨은 동인(動因)이다. 콜럼버스가 신대륙을 찾아 바닷길을 나서게 된 것도 이슬람 세력에 의해 동양으로 가는 통로가 막혀버린 데 대한 해결책이었다.

기사제도가 발전하면서 기독교도로서 이상적인 기사상(騎士像)이 널리 퍼졌다. 교회를 존경하고 영주와 주군에게 충성하며 개인의 명예를 지키는 기사의 전형이 생겨났다. 이런 이상형에 가까운 기사들이 나타난 것은 11세기말 유럽 기독교 지역의 기사들이 성지 순례자를 보호한다는 공동의 목표를 가지고 모였던 십자군전쟁 때였다. 십자군전쟁에 참가한 최초의 기사단들 가운데는 예루살렘의 구호기사단(救護騎士團)과 성전기사단(聖殿騎士團), 그리고 특수 목적을 수행하는 기사단이 있었다. 특수 목적의 기사단이란 나병환자 병원을 지키는 특별임무를 맡은 싱 라사부스 기사단(Knights of St. Lazarus)이었다. 기사단은 교회의 직제를 그대로 본떠 기사단장을 비롯해 수도원장, 분단장, 일반기사로 구성되었다. 기사단의 기사 수와 재물이 늘어남에 따라 차츰 그들은 종교적 목적은 젖혀두고 정치활동을 벌이게 되었다.

십자군전쟁은 세계사에 여러 모로 큰 획을 그었지만 상업의 역사에도 큰 의미가 있다. 우선 십자군전쟁으로 인해 교황과 교회의 권위는 떨어졌고, 십자군전쟁에 적극적으로 참여한 제후와 기사들은 자신들의 영지를 돌보지 못해 몰락한 경우가 많았다. 반면 도시의 상인계급과 국왕의 힘은 더욱 강력해졌다. 특히 영국과 프랑스의 왕권은 확고해졌다. 십자군전쟁의 길목에 있었던 여러 상업도시들, 예컨대 베네치아와 제노바와 피렌체 등은 물자의 조달과 군대의 이동을 도우면서 부를 축적하게 되었고, 결과적으로 이탈리아 반도 전체가 부강해지게 되었다. 유럽의 상인들은 향수, 후추, 양탄자, 비단, 유리병 등의 동방에서 온 물건들을 싸게 구입하여 유럽에다 비싸게 팔았다. 게다가 국왕도 지방 제후들의 세력을 약화시키기 위해 상인계급과 손을

잡음으로써 상인들은 세력을 더욱 넓혀갔다.

"물건이 국경을 넘지 못하면 총칼이 국경을 넘는다."라는 격언이 있다. 싼 가격의 물건은 비싼 곳으로 팔려가거나 아니면 그것을 사려는 사람들을 불러들인다. 대체로 전쟁은 지도자의 이기적인 정복욕을 충족시키기 위해 일어나기도 하지만, 물질적인 이익을 추구하는 과정에서 터지기도 한다. 십자군전쟁은 성지를 순례하는 사람들의 이동이 막혔기 때문에 발생했지만 결국은 이익추구 목적으로 변질되어갔던 것이다. 또 십자군전쟁은 원인과는 전혀 다른 결과, 즉 교역기술의 발달을 초래했다. 십자군전쟁은 인간의 행동이란 원하지 않았던 결과를 초래한다는 사실을 교훈으로 남겼다.

▌중세의 전환기

역사를 보면 수백 년마다 한 번씩 급격한 전환이 일어나는 것을 확인할 수 있다. 그리고 수십 년 동안에 걸쳐 사회는 사회 자체를 다시 조정한다. 말하자면 세계를 보는 관점, 기본적 가치관, 사회적 정치적 구조, 예술을 보는 관점, 주요한 사회적 기관들을 재조직한다. 이러한 50~70여 년간의 전환기가 지난 뒤에는 완전히 새로운 세상이 되어버리고 만다. 그래서 새로 태어나는 아이들은 그들의 조부모들이 살았던 세상, 그들의 부모들이 태어났던 세상을 상상할 수도 없게 된다. 드러커는 그런 시대를 《새로운 현실》(1989)에서 '역사의 경계(historical divide)'라고 명명했다.

평탄한 들판이라 해도 어느 지점에 다다르면 길은 본격적으로 산꼭대기로 올라가게 되고, 산꼭대기에 도달한 후에는 새로운 골짜기로 내려가는 고갯길이 있다. 그런 고갯길들은 대부분 지형상의 변화일 뿐이며 골짜기 양쪽의 기후나 언어나 문화는 차이가 없거나 미미하다. 하지만 어떤 고갯길은 다르다. 그것들은 지리상의 풍경을 바꾸는 진정한 경계다. 흔히 그런 고갯길들은 그다지 높지도 않고 장관이 펼쳐진 곳도 아니다. 예컨대 오스트리아 인스부르크 남쪽에 위치한 높이 1370미터의 브렌네르 패스(Brenner Pass, passo del brennero)는 이탈리아에서 알프스를 넘는 여러 고갯길들 가운데 가장 나지막하고 평탄한 고갯길이다. 히지민 민 옛날부터 이 고갯길은 지중해 문화와 북유럽 문화의 경계선 노릇을 했다. 또 델라웨어 협곡(Delaware Water Gap)은 뉴욕 서쪽으로 약 70마일에 있는 것으로, 고갯길이라고 할 수도 없다. 하지만 이 협곡은 미국의 동부 해안선과 미국 중부를 가른다.

역사도 마찬가지로 그런 경계를 갖고 있다. 그 또한 거창하지도 않으며 동시대를 사는 사람들에게 주목받지 못하는 경향이 있다. 하지만 일단 그 경계를 건너고 나면 사회적 정치적 풍경은 일변한다. 사회적 정치적 기후도 다르고, 사회적 정치적 언어도 마찬가지다. 새로운 현실이 시작되고, 새로운 역사가 펼쳐지는 것이다.

전환기(transition period)란 한 연속시대와 다른 연속시대 사이에, 사회가 사회 자체를 다시 조정하는 변화의 시기를 말한다. 13세기 유럽에 그런 전환기가 있었다. 유럽에는 갑작스럽게 새로운 모습의 도시들이 생겨났다. 도시 길드가 새로운 지배적 사회집단으로 등장한 것이다. 중세의 일부 도시들은 그 성립 자체가 군주로부터 자치허가를 받아 설립되었거나, 도시가 생기면서 곧 길드가 조직되었다. 도시는 봉건군주의 자급자족적 장원(莊園)과는 달리 상공업과 수공업을 기반으로 하고 있었으며, 상공업이 쇠퇴하면 봉건영주나 교회 또는 국가에게 탈취되었다. 따라서 먼저 상인들이 힘을 합해 배타적 이익집단을 형성하는데 이를 상인길드(merchant guild)라고 불렀다. 그 다음 동일 업종의 수공업자들이 수공업자 길드(craft guild)를 만들고 기술보호를 위해 수련공(도제, apprentice), 기능공(직인, journey), 마스터(장인, master)라는 위계질서를 통해 서열화를 유지했다(길드는 프랑스혁명 때 국민회의의 길드 폐지법에 따라 사라지게 된다.)

십자군전쟁 이래 중단되었던 장거리 교역이 다시 이뤄졌으며, 고딕양식의 새로운 건축물이 세워지게 되었고, 대부분 도시에 거주하는 실용주의적 상인계급들이 등장했으며, 새로운 시에나 화파(Sienese School)가 등장했다. 시에나는 중부 이탈리아의 도시로서 중세 말기부터 르네상스에 이르기까지 번영했다. 주로 적갈색이나 황색 안료를 사용하여 그린 섬세하고도 정서적인 제작기법의 시에나 화풍은 합리적이고 극적 감동을 주는 피렌체 화파의 조형성과 대비되었다. 고대와 마찬가지로 근대 초기의 유럽에서도 회화는 수세기 동안 확실히 누적의 발전을 이룬 분야였다. 이 기간에 화가들은 묘사에 치중한 것으로 보인다. 플리니(Pliny the Younger, 61~112)와 바자리(Giorgio Vasari, 1511~1574) 같은 미술 비평가이자 역사학자들은 자연에 대한 좀 더 완벽한 묘사들을 가능케 했던 명암법과 원근법으로부터 나온 일련의 창안에 경의를 표한 기록을 남겨놓았다. 그러나 과학과 예술 사이의 작은 틈이 생기게 된 것 역시 그 시기로서, 특히 르네상스 시대의 몇 해

동안이었다.

지혜의 원천으로서의 아리스토텔레스는 토마스 아퀴나스 등에 의해 재평가되었고, 도시의 대학들이 시골 수도원을 대신하여 문화의 중심지로 등장하게 되었고, 새로운 도시형 가톨릭 교단으로서 도미니크 수도회와 프란체스코 수도회가 생겨났다. 이러한 수도회들은 신앙을 전파하는 것은 물론 지식과 영적 생활을 보급했다. 그 후 이어지는 수십 년 동안 라틴어로 된 성경은 자국어로 번역되고, 단테는 유럽문학의 길을 열었다.

▌중세의 길드 도시

유럽의 중세도시들은 고대 로마시대의 도시가 부활한 것이거나 영주의 허가로 새롭게 탄생한 것이다. 중세도시는 외부 침략으로부터 방어가 중요했기 때문에 도시 형성에는 급수, 방위, 교통 등 지리적 조건을 중시했다. 따라서 도시 주변에 보루를 굳게 쌓고 그 안에 또다시 성벽을 쌓아 올린 보루형 성곽도시이거나, 구릉 정상이나 도서(島嶼) 같은 불규칙한 지형에 세워진 비형식적인 도시 형태를 보였다.

앞에서 말한 새로 등장한 길드 중심의 중세 유럽도시는 봉건영주가 도시 주민들에게 수여하는 특권과 자치권의 내용을 명기한 특허장(charter)을 보유하는 한편 방어, 행정, 경제, 종교 등의 기능을 보유하고 있었다. 각각의 기능은 고유한 물리적 공간을 갖고 있었는데, 도시 행정의 중심이자 도시 방어기능을 수행하는 성채, 도시 내외부를 구분한 성곽, 시민들의 경제활동을 상징하는 공공장소로서의 시장, 도시 외부의 먼 곳에서도 눈에 쉽게 띄는 높은 건축물인 대성당 등으로 구분되었다. 대체로 도시의 지명에 접미사로 'berg' 또는 'burg' 또는 'bourg' 또는 'burgh' 등이 붙은 것들이 그런 도시다. 예컨대 하이델베르크(Heidelberg), 함부르크(Hamburg), 잘츠부르크(Salzburg), 스트라스부르(Strasbourg), 에든버러(Edinburgh) 등이다.

부르주아지(bourgeoisie)는 중산층이란 뜻이며 그 형용사는 부르주아(bourgois)로서, 이 표현은 원래 성(城)을 의미하는 프랑스어 'bourg'에서 유래했다. 부를 축적한 계급은 성 안에 살고 그렇지 못한 계급은 성 밖에서 살았기 때문에 생긴 명칭이다. 이런 유래에 따라 마르크스는 이를 자본가 계급을 의미하는 단어로, 반대의 표현은 무산자를 의미하는 '프롤레타리아'로 사용했다. 11~12 세기경 독일의 속담에 "도시의 공기는 인간을 자유롭게 한다."라는 말이 있는데, 도시 성곽 안에서 살 수 있는 허가를 받으면 자유인이 되고 또 시민이 되었던 것이다. 중세의 도시는 자유로운 생활을 갈구하는 사람들에게 동경의 대상이 되었다.

▌기독교 사상의 변화를 불러온 토마스 아퀴나스

백성들에게 검소한 생활을 강조했던 국가 지도자와 종교 지도자들은 대체로 사치했고, 왕궁과 교회는 웅장했다. 점점 백성들은 그들처럼 화려하게 살아보고 싶은 마음을 키웠다. 상업에 대한 교회 지도자들의 생각도 차츰 변했다. 중세시대의 위대한 신학자 토마스 아퀴나스는 "이웃에 봉사하기 위해 물품을 사고파는 사람들은 덕을 행하는 자다."라고 말했다. 이 말은 물질적 풍요에 대한 아우구스티누스의 생각과는 정반대였다.

나중의 일이지만 문학에서도 물질적인 소비수준의 향상을 칭송하게 된다. 괴테(Johann Wolfgang von Goethe, 1749~1832)는 《빌헬름 마이스터의 수업시대》에서 이렇게 적었다. "나로서는 진정한 상인의 정신보다 더 널리 퍼져 있는, 그리고 더 널리 퍼져야 할 정신이 있는지 알지 못하겠다." 괴테와 쌍벽을 이루는 쉴러(Johann Friedrich von Schiller. 1759~1805)도 "신이여, 상인은 당신의 것입니다!"라며 상인을 신성한 존재로 칭송했다.

요컨대 중세까지 종교는 자유로운 과학 연구를 방해했으나 13세기 무렵 토마스 아퀴나스는 아리스토텔레스의 과학과 종교의 접합을 모색했다. 토마스 아퀴나스는 《신학 대전(Summa Theologiae)》, 《이단 논박 대전(Summa contra gentiles)》 등을 통해 라틴 신학을 고전적으로 체계화했고, 교회 전례에 사용되는 아름다운 찬송가를 지은 시인이었다. 아리스토텔레스의 이론에는 신이 세상을 창조하지 않았으며 기적도 일어나지 않았고 사람이 죽은 뒤에 영혼이 남지 않는다는 내용이 포함되어 있었는데, 1274년 교황 그레고리오 10세(Gregor X, 재위, 1271~1276)는 신학 문제에 대한 최고의 관할권을 가지고 있던 파리의 기독교 신학자들 의견을 받아들여 219가지 과학 명제들에 대해 단죄령을 내렸다. 그 가운데 토마스 아퀴나스의 명제가 12개나 포함되어 있었다. 그러자 일부 학자들은 아리스토텔레스의 이론을 교황의 구미에 맞도록 바꾸었다.

초기 기독교 역사 이래 12세기까지 기독교 아우구스티누스를 비롯한 교부들은 주로 플라톤의 사상에 경도되어 있었다. 그러나 토마스 아퀴나스는 알베르투스 마그누스(Albertus Magnus, 1200~1280)와 로저 베이컨(Roger Bacon, 1214~1294)의 지도를 받으며 새로 발견된 아리스토텔레스의 저작들을 연구했고, 창조와 하느님의 섭리를 다룬 형이상학 분야에서 영향을 받은 아리스토텔레스 철학을 기독교 사상에 통합했다. 따라서 인간을 타락한 존재로 보는 전통적인 아우구스티누스파 기독교 지식인들과 끊임없이 논쟁했다. 1274년 토마스 아퀴나스는 라틴 교회와 그리스 교회의 분열을 치유하기 위한 제2차 리옹 공의회에 참석하라는 그레고리오 10세의 부름을 받고 리옹으로 가던 도중 병에 걸려 죽었다.

중세 말이 되자, 관심의 대상은 하느님에서 인간으로 이동하게 되었고 인간의 복리후생에도 관심을 두게 되었으며 우수한 인력들이 상공업 부문에 눈을 돌리기 시작했다. 그리하여 르네상스 시대에는 지식과 정보로써 새로운 것을 추구하려는 기업가 정신을 가진 사람들이 차츰 등장했다. 그들은 국왕과 교황을 찾아가서 설득하고 계약을 맺었다. 자신들이 가진 지식과 정보를 이권과 교환한 것이다. 콜럼버스가 그랬고, 메디치 가문과 푸거 가문 사람들이 그랬다. 하지만 고대시대부터 르네상스 시대까지 지식은 실용적인 것이 아니었고, 대체로 사회적 신분상승 또는 자신의 인격을 수양하는 도구에 지나지 않았다.

르네상스와 과학혁명

▮ 르네상스, 중세를 마감하는 전환기

1455년 구텐베르크(Johannes Gutenberg, 1390~1468)가 활판인쇄술을 발명하고 책을 인쇄하게 된 때로부터 1517년 마틴 루터(Martin Luther, 1483~1546)가 종교개혁을 하기까지의 60여 년간은 또 다른 전환기였다. 이 기간은 르네상스의 전성시대로서, 피렌체를 비롯한 도시의 지식인과 예술가들은 고대 그리스와 로마를 다시 발견했고(르네상스라는 말 자체가 고대 그리스 로마를 되살렸다는 의미다), 1492년 콜럼버스(Christopher Columbus, 1451~1506)가 신대륙을 발견했으며, 레오나르도 다빈치(Leonardo da Vinci, 1452~1519)에 의해 해부학이 재발견되어 인체에 대한 과학적 의문이 제기되었고, 서양세계에 아라비아 숫자가 전반적으로 보급되었으며, 로마군단 이후 최강인 스페인 보병대가 한동안 그 위용을 떨쳤다.

중세 유럽의 군사강국들은 귀족이 지휘하는 대규모 기사단을 보유하고 있었으나, 토양이 척박한 스페인은 말을 사육하기에 불리했기 때문에 유럽의 다른 나라들에 비해 상대적으로 기사 계급의 발전이 뒤졌다. 따라서 스페인에선 보병이 전력(戰力)의 중심이 될 수밖에 없었고, 귀족 계급이 보병으로 복무하는 것도 수치스러운 일이 아니었다. 또 15세기 말 스페인의 곤살로 데 코르도바(Fernéndez Gonzalo de Córdoba)가 개발한 화승총이 병력의 발전을 가져왔다. 스페인말로 연대를 뜻하는 부대 '테르시오(Tercio)'는 3,000명의 병사들로 이루어졌는데, 대략 25~30퍼센트 정도가 화승총을 장비한 총병, 나머지가 장

창을 가진 창병으로 구성되었다. 테르시오 보병 편제는 스페인으로 하여금 약 100년 가까이 유럽 최강의 군대를 유지할 수 있게 했다.

　결과적으로 1520년경에 살았던 사람들은 1450년경의 세상을 알 수도 없었고, 자신들이 살던 시대가 전환기였음을 알지 못했다.

▌운명결정론을 거부한 마키아벨리

1455~1517년 사이의 전환기, 즉 중세와 르네상스를 근대로 바꾼 전환기를 이해하기 위한 최초의 성공적인 시도는 전환기의 마지막 기간에 나타났다. 그것은 1510~1514년 코페르니쿠스(Nicolaus Copernicus, 1473~1543)가 발표한 태양중심설(heliocentric view of the heavens)에 관한 소책자들, 마키아벨리(Niccol Machiavelli, 1469~1527)가 1513년 출판한 《군주론》, 1510~1512년 르네상스의 모든 예술을 종합하고 또한 그것을 초월한 미켈란젤로의 시스틴 채플의 천장벽화, 1550년대에 있었던 트렌트 공의회(Concilio di Trento, 1545~1563년 이탈리아 북부 트렌트에서 열린 가톨릭교회의 공의회로, 종교개혁자들에게 지적당한 폐습을 개혁하고 근대 가톨릭교회의 입장을 공고히 했다)를 통한 가톨릭교회의 재건 등이 새로운 전환의 시대를 이해하고 적응하려는 시도들이었다.

　르네상스 시대의 인문주의자 마키아벨리는 인간이 세상을 살아가는 차원에서 하느님 대신 인간을 강조했는데, 사람은 하느님을 닮아서 본질적으로 선하다고 볼 것이 아니라 인간은 본질적으로 악하다는 인식을 바탕으로 하고 있다. 그리고 그는 인간이 서로 갈등하는 원인은 물질적 수단을 획득하려는 욕구 때문이라는 사실을 제대로 파악했다. 따라서 인간이 선한 행동을 하도록 하기 위해서는 도덕적 훈련이 필요하다고 생각했다. 또한 인간은 미래를 예측할 수 없으므로 자신이 얼마나 많은 부를 가지면 충분한지를 알지 못한 채 필요하든 않든 간에 물질적 수단을 계속 확보하려는 성향이 있다고 보았으며, 기독교적 운명결정론을 거부했다.

마키아벨리의 이런 사상은 한 세기 후 토마스 홉스(Thomas Hobbes, 1588~1670)로 이어졌다. 홉스는 사람들 사이에 재산획득을 위해 벌이는 폭력적 투쟁을 평화적으로 규제하는 공명정대한 감시기구, 즉 '리바이어던(Leviathan)'과 같은 강력한 권력이 필요하다고 역설했다. 홉스는 국가를 사회로부터 구분한 최초의 철학자였다.

▌역사적 자본주의와 역사적 산업혁명

생산수단을 사적으로 소유하고 화폐를 이용한 시장 거래를 통해 소득이 분배되는 경제체제인 자본주의는, 서양과 동양에서 여러 시대에 걸쳐 출현을 거듭했다. 그리고 근대 이전에도 급속한 기술적 발명과 혁신과 산업혁명이 있었다. 자본주의가 역사에 자주 등장하는 현상이라는 논의는 브로델의 《지중해》(1949)와 《물질문명과 자본주의》(1979)에 잘 나타나 있다.

1750년 이전의 '산업혁명'에 대해서는 린 화이트 2세(Lynn White Jr.)가 쓴 《중세의 기술과 사회변화》(1962), 장 짐펠(Jean Gimpel)의 《중세의 기계: 중세의 산업혁명》(1975), 영국의 생화학자이고 동양학자이며 역사가인 조지프 니드햄(Joseph Needham)의 기념비적 저서 《중국의 과학과 문명》(1954년부터 출간되기 시작하였는데, 현재 전체 25편 가운데 반밖에 출간되지 않았다) 등이 있다. 그러나 니드햄이 지금까지 출판한 것만으로도 초기의 기술에 대해 우리들의 상식을 바꿔놓기에 충분했다. 과거의 '산업혁명'에 대해서 드러커는 《기술 경영 그리고 사회》(1973)에서 언급하고 있다.

1750년 이전의 기술적 변화는 예외 없이 하나의 기능 또는 하나의 용도에만 국한되어 있었다. 800년경에는 한낱 장난감에 지나지 않던 풍차를 그 당시 기준으로 완전 '자동화'된 기계로 재설계하여 정미(精米), 제분(製粉), 제재(製材), 양수(揚水) 등에 사용되었다. 배를 움직이게 하는 돛은 풍차를 돌리는 날개와 똑같은 방식으로 작동한다. 그러나 풍차의 원리를 범선에 응용하여 순풍이나 역풍에 관계없이 범선을 항행할 수 있게 재설계된 것은 그로부터 300년이 더 흐른 1100년경 프랑스 북부지방 또는 지금의 베네룩스 3국 지방에서였다. 그때까지 모든 범선들은 노(櫓)를 저었다. 바람을 이용하여 배를 움직였다고는 해도 어디까지나 보조적이었고 가고자 하는 방향으로 바람이 불어올 때만 가능했다. 지하수를 퍼내는 펌프기술과 곡식을 빻는 기술을 농토와 해안에서 이용하게 되는 데는 수백 년이 지난 후였다.

13세기에 발명된 안경만큼 빨리 보급된 현대기술은 거의 없다. 1270년경, 영국의 프란체스코회 수도사 로저 베이컨의 광학실험에서 부산물로 나타난 노인용 독서 안경은 1290년 아비뇽의 교황재판 때에 사용되었으며, 1300년경 카이로에서는 술탄이 사용했고, 1310년 이전에는 원나라의 황제가 사용했다. 안경만큼 빠르게 전파된 것으로는, 19세기의 발명품 가운데 재봉틀과 전화기 정도였다. 그러나 베이컨의 독서용 안경이 다음 단계에 적용되어 근시안경으로 발전된 것은 그로부터 200년이나 지난 1500년대 초의 일이었다.

도공(陶工)의 물레는 기원전 1500년경 지중해 연안에서 사용되었다. 요리를 하고 물과 음식을 담아놓기 위한 항아리들은 집집마다 있었다. 그러나 항아리를 만드는 그 원리를 실을 뽑는 물레에 적용할 수 있게 된 것은 기원후 1000년경이었다.

요컨대 과거 역사에 종종 등장했던 자본주의와 산업혁명은 그 사회를 바꾸지 못했고, 그 사회를 넘어 확산되지도 않았다. 그러나 18세기에 등장한 자본주의와 산업혁명으로 인한 사회적 전환은 서유럽에 효과적으로 보급되는 데 100년이 채 걸리지 않았다.

▌ 과학혁명과 교육혁명

기술을 실용적인 차원이 아니라 '그 기술이 과연 의로운 것인가?' 라는 기준으로 평가하게 됨에 따라 중세에서의 기독교는 기술발전의 커다란 장애였다. 그러한 성향은 중세의 모든 삶의 영역에 적용되었고 역사와 신학을 일치하게 만들었다.

그렇지만 12세기부터 볼로냐, 파리, 나폴리 등 유럽에 등장하기 시작한 중세대학들이 차츰 과학혁명의 주역으로 나섰다. 14~15세기에 수학, 천문학, 물리학 등이 대학의 첨단 분야로 자리 잡았다. 또한 15~16세기의 신대륙 탐험과 원거리 항해를 위한 과학적 도구들, 예컨대 망원경, 기압계, 온도계, 진자시계 등도 과학혁명의 탄생을 준비하고 있었다. 1455년 구텐베르크가 납, 주석, 안티몬 등을 합금한 활판인쇄기를 발명함으로써 한 페이지에 2단 42줄로 구성된 42행 성서를 인쇄했다. 활판 인쇄기의 발명은 음악산업에도 영향을 미쳐 악보 출판업자가 등장하고 악보를 상업적으로 대량 인쇄하여 보급하게 되었다. 종교개혁 시대는 기술발달을 막는 많은 장벽을 무너뜨렸다. 그러나 그때조차도 기술이 결정적인 추진력을 얻은 것은 새로운 신학의 영향이 아닌 르네상스의 충격, 즉 인문주의와 절대주의 국가로부터였다.

미국의 수학자 노버트 위너(Norbert Wiener, 1894~1964)는 유럽이 아시아에서 도입한 기술들인 인쇄술, 항해용 나침반, 화약 등에 대해 "산업혁명에 선행했던 핵심기술의 구성"이라고 보았다. 이런 발명품들과 더불어 이 시기는 금융, 군비, 기계류뿐만 아니라 돔(dome) 형식으로 건축하기 위한 새로운 건축기술 및 농업과 가구를 제조하는 분야에서 많은 발견과 새로운 응용이 있었다. 또한 15세기는 많은 기술서적이 출판되었다. 위대한 항해들은 이러한 기술발전의 원인이라기보다는 아마도 결과였을 것이다.

이 시기에 르네상스와 종교혁명의 인간 중심주의 사상을 증명할 여러 천재들이 속속 등장하기 시작했다. 대학에서 교회법과 천문학을 연구하던 폴란드의 성직자 코페르니쿠스는 지구가 자전축을 중심으로 자전하고, 또 정지해 있는 태양 주위를 공전한다는 가설을 세웠다. 이는 충격적인 일로써, 창조주인 하나님의 권위를 크게 훼손하는 사건이었다. 티코 브라헤(Tycho Brahe, 1546~1601)는 망원경이 발명되기도 전에 육안으로 20년 동안 별을 꼼꼼히 관찰했다. 케플러(Johannes Kepler, 1571~1630)는 브라헤의 자료를 재정비하여 지구 및 다른 행성들이 태양을 둘러싸고 타원궤도로 공전한다는 사실을 밝혔다. 갈릴레오(Galileo Galilei, 1564~1642)는 망원경을 발명하여 그것으로 관찰한 끝에 지동설이 옳다는 것을 증명했다. 그리고 종교재판을 받았다.

케플러법칙으로 인해 수정된 코페르니쿠스 천문학을 갈릴레오의 물리학과 통합시킨 사람은 아이작 뉴턴(Issac Newton, 1642~1727)이다. 뉴턴은 운동과 역학을 설명하는 수학법칙을 사용하여 중력의 법칙, 즉 "우주의 모든 물체는 다른 물체를 질량과 거리에 기초하여 일정한 수학적 관계로 서로 끌어당긴다."는 것을 증명했다. 그리고 "플라톤과 아리스토텔레스는 나의 친구다. 하지만 나의 가장 친한 친구는 진리다."라고 말했다. 미적분을 발명한 수학자 라이프니츠는 지식에 대한 인식에 수학적 엄격성을 강조했다. 그들은 경험과학의 진정한 아버지들이었다.

초기 교육개혁 과정의 가장 유명한 인물은 '근대학교의 아버지'라 불릴 수 있는 존 아모스 코메니우스(John Amos Comenius, 1592~1670)였다. 코메니우스는 현 체코슬라비아 동부 모라비아 출신의 종교개혁가이자 교육사상가로써 근대적 교수기법과 교육이론을 체계화했다.

배우고 가르치는 방법의 효과적인 수단으로서 인쇄된 책을 이용한 교육기술은 코메니우스의 공헌이다. 그는 입문서와 교재를 만들었다. 그렇지만 이것들은 그에게는 단지 도구일 따름이었다. 그가 만든 학교는 새로운 교과과정을 중심으로 했다. 이것은 지금 전 세계에서 대부분 '학교 교육'이라고 생각하는 그런 모습이다. 그의 목적은 일반 대중의 문맹률을 낮추는 것이었다. 이런 교육활동을 펼친 동기는, 체코의 동포들로 하여금 계속 신교를 믿고 모국어로 된 성경을 공부할 수 있도록 하기 위한 것이었다.

16~18세기에는 총기류와 총기공장 등의 분야에서 중요한 기술적 성취를 이루었다. 또한 농업기술과 기계 분야를 제외한 다른 모든 분야의 기술은 낙후했는데, 이는 당시 효율성에 대해 관심이 없었음을 말해준다. 사실상 르네상스와 종교개혁 직후의 시기는 발명이라는 관점에서는 그 이전 시기보다 훨씬 더 형편없었다. 역사가 연속과 변화가 되풀이되는 것이라면 이 기간은 연속의 시기였다.

따라서 기술의 역사는 중세에서 18세기 말로 바로 넘어갔다고 할 수 있다. 산업혁명과 미국 독립혁명 및 프랑스혁명 등의 정치혁명이 일어나는 18세기 중반까지 유럽인의 세계관과 과학관은 기독교적 관점이었다. 그때까지 우주에 대한 유럽의 전통적 사고는 아리스토텔레스의 사상과 기독교 교리에 기초하고 있었다. 지구가 우주의 중심이라는 아리스토텔레스의 사상은 천문학과 물리학을 지배했고, 그것은 기독교 교리와도 잘 맞아떨어졌다. 의식주와 같은 일상생활, 결혼, 시간개념 등은 교회의 가르침을 따랐다. 정치이론의 기초는 물론 왕권신수설이었다.

계몽시대

▌계몽주의와 계몽사상가

18세기에 접어들면서 유럽사회에는 세상을 세속적, 과학적 관점에서 바라보는 세계관이 싹텄다. 계몽주의(Enlightenment)는 1784년 칸트(Immanuel Kant, 1724~1804)가 《계몽이란 무엇인가(Answer to the Question: What is Enlightenment?)》를 발표한 후부터 정신사상사에서 족보를 가진 하나의 용어가 되었다.

칸트는 이렇게 말했다. "계몽이란 인간이 자신의 삶을 결정하는 능력이자 타인의 속박으로부터의 해방이며, 성숙해진 인간이 무엇을 할 것인지 결정하는 데 있어 그것이 선하든 악하든 기존의 가치에 지나치게 기대지 않는 상태다."

계몽주의의 핵심은 이성(理性, reason)이며, 이성의 힘에 의해 인간은 우주를 이해하고 자신의 상황을 개선할 수 있다는 사회사상이다. 계몽(啓蒙)이란, 자각이 없는 인간에게 이성의 빛을 던져주고 편견과 미망에서 빠져나오게 한다는 뜻을 내포하고 있다. 그리고 계몽은 신학에 대응으로서의 '철학'을 의미하기도 한다. 여기서 철학이란 굳이 형이상학을 뜻하는 것이 아니라 넓은 의미에서 인간세계와 자연과 인생에 관한 지혜와 교양을 나타낸다.

신학이 죽음과 내세를 주제로 하는 데 반해 계몽사상은 삶의 문제를 다룬다. 따라서 계몽사상은 '어떻게 살 것인가?'라는 궁극적인 질문에 더하여 '지상에서 어떻게 행복해질 것인가?'라는 과제를 방법적으로 해결하려 했다. 이런 점에서 계몽사상은 18세기의 모든 문학

운동과 사상활동의 밑바탕을 이루었으며, 유럽 각국에 싹트기 시작했던 시민정신의 형성에 매개자의 역할을 했다.

계몽사상 또는 계몽주의는 인류가 당시까지 이룩한 문화와 문명에 힘입어 인간의 이성 또는 지성을 세상사를 판단하는 기준으로 삼으려는 운동이다. 또한 인간의 지성 또는 이성의 힘을 빌려 자연과 인간관계, 사회와 정치문제를 낙관적으로 관찰하고 이해하려는 시대정신이다. 이런 시대정신은 인간의 존엄성과 자유를 강조함으로써 유럽의 중세시대를 지배한 기독교 신학의 독단(獨斷, dogma)에서 벗어나려는 것이었다. 이로써 계몽주의는 전통적인 기독교 교리에서 벗어난 자유주의 신학에 영향을 주었으며, '하느님의 책'인 성경에 대한 자유로운 비평과 모국어 번역의 토양이 되었다.

프랜시스 베이컨은 영국의 대법관으로서 모든 지식을 두루 통달했는데, 사변적인 중세적 연구방법을 거부하여 정치학으로부터 종교를 분리했다. 새 지식은 경험적 실험적 연구로 증명되어야 한다고 주장했고, 생활에 필요한 '실용지식'을 강조했다. 베이컨에게 '지식의 목적'은 형이상학적 증명이나 지적 호기심의 충족이 아니라 인간의 생활조건을 향상하는 것이었다.

데카르트(Rene Descartes, 1596~1650)는 모든 형태의 지식을 방법적으로 의심하고 나선 스콜라 학파의 철학자로서 "나는 생각한다. 그러므로 나는 존재한다."라고 주장하면서 최초로 아리스토텔레스의 권위주의에 반대한 근대철학의 아버지다. 요컨대 계몽주의 등장의 배경은 전통을 의문시하는 유럽인의 기질이라고 할 수 있다.

18세기 계몽주의를 실질적으로 연 사람은 영국의 경험론 철학자 존

로크(John Locke, 1632~1704)였고, 그 밖의 계몽철학자로는 프랑스의 몽테스키외(Montesquieu, 1689~1755), 볼테르(Voltaire, 1694~1778), 장자크 루소(Jean-Jacques Rousseau, 1712~1778), 드니 디드로(Denis Diderot, 1713~1784), 달랑베르(Jean Le Rond d'Alembert, 1717~1783), 그리고 독일의 프리드리히 멜키올 그림(Friedrich Melchior Grimm, 1723~1807), 칸트 등을 언급할 수 있다.

프랑스혁명 후 감옥에 갇힌 루이 16세가 우연히 볼테르와 루소의 저술들을 읽고서 "나의 왕국을 쓰러뜨린 것은 바로 이 두 놈이다."라고 외쳤다는 이야기가 있다. 볼테르라는 이름은 항상 강렬한 반응을 불러일으켜서 말년에는 루소의 추종자들로부터도 비난받았다. 그런 상황은 괴테의 말에서도 잘 나타난다. "볼테르와 더불어 한 시대가 끝났고, 루소와 더불어 또 한 시대가 시작되었다."

루소는 청년시절 바랑 남작부인의 집사로 일하면서 철학자, 문인, 음악가가 되기 위해 공부할 기회를 얻었다. 30세 때 파리에 와서 디드로를 만났고, 디드로가 편집장으로 있는 프랑스 《백과전서(the Encyclopedia)》의 기고자가 되었으며, 계몽철학자들 중에서 중심역할을 했다. 루소는 몇 년간 《백과전서》의 음악 분야를 맡았다. 루소는 당시 구체제 성향의 유명한 작곡가 장 필립 라모(Jean-Philippe Rameau. 1683~1764)와 음악논쟁을 벌였다.

루소는 악(惡)의 출현과 관련해서 자연은 책임이 없으며 사회에 문제가 있다고 주장했다. 루소가 보기에 사회는 인간불평등을 향한 첫걸음이자 악을 향한 첫걸음이었다. 루소의 《사회계약론》은 "인간은 자유롭게 태어났으나 모든 곳에서 사슬에 매여 있다."는 유명한 문장으로 시작해서 인간은 사슬에 묶여 있을 필요가 없다는 주장으로 나아간다. 개인은 의지를 지닌 존재이기 때문에 스스로 정한 규칙에 복종함으로써 자유로울 수 있다. 그에 반해서 사회는 서로 다른 의지를 가진 개인들의 집합이기 때문에 개별의지들 사이에 갈등이 있다. 루소는 시민사회를 '일반의지'에 의해 통합된 인위적 존재라고 보았다. '일반의지'는 각 구성원의 의지로 분산되지 않으며 공공의 국가적 이익을 지향하는 의지다. 시민사회 구성원이 되겠다는 협약 아래 모든 사람은 자신과 자신의 모든 권리를 남김없이 공동체에 양도해야 한다고 한 점에서 루소의 생각은 토마스 홉스의 사상과 비슷하다.

루소는 플라톤과 마찬가지로 대부분의 민중이 어리석다는 점을 인정했다. (인간불평등에 대해) 사회는 인간이 남녀 공동생활을 용이하게 하기 위해 거주지를 만들면서 형성된 것이다. 가족이 형성되고 이웃과 교제하는 생활방식이 생겼다. 그러나 평화로운 시기는 오래 갈 수 없었다. 사람들은 자신의 능력과 성취물을 다른 이의 것과 비교하기 시작했고, 사랑의 감정과 함께 질투의 파괴적 감정이 일어났다. 결국 인간 각자가 다른 이보다 나은 사람이 되기를 열망하면서부터 때묻지 않은 자기사랑은 자만심으로 바뀌어갔고 불평등이 생겼다.

▌절대주의와 계몽군주

중세 봉건사회로부터 근대 시민사회로 이행하는 과정에서 유럽 각지에는 중앙집권제와 전제적 성격을 특징으로 하는 절대주의(絕對主義, absolutism) 국가가 성립했는데, 그것은 서서히 쇠퇴하는 봉건계급 세력과 봉건사회 내부에 생긴 반봉건적 시민계급의 상승과 균형관계에서 일시적으로 성립한 것이었다.

절대주의 체제의 본질은 지배권력이 사법, 입법, 경제 또는 선거에 관하여 다른 어떤 기관에 의해서도 도전받거나 규제받지 않는다는 점이다. 절대주의 체제의 특징은 17세기 후반과 18세기 초반 프랑스를 지배했던 루이 14세(Louis XIV, 1638~1715, 재위 1643~1715)가 표명한 "짐이 곧 국가다."라는 말에서 확인할 수 있다(루이 14세가 눈을 감을 때 했던 말은 정확히 "나는 죽지만 국가는 영원하다."였다). 절대군주제를 옹호하는 가장 단순한 논리는 왕권신수설, 즉 왕의 권위는 신으로부터 부여받은 것이다는 주장이다.

절대주의는 근세 초기 유럽에서 보인 전제적 정치형태로서 군주정을 채택했으므로 절대왕정이라고도 불린다. 봉건제도와 근대제도의 과도기에 위치한 절대왕정은 여전히 토지의 소유관계를 기반으로 했기 때문에 절대군주들은 토지 영유권자와 (토지를 많이 소유한) 기독교 교회를 군주 자신에게 종속시키면서 동시에 시민계급의 지지를 얻으려고 했다. 절대왕정은 중앙집권적 통일국가였다는 점에서 분권적인 중세 봉건국가와는 다르고, 인민의 무권리와 신분적 계층제를 유지했다는 점에서 근대국가와도 구별된다.

요컨대 절대주의는 중세 봉건제도에서 자본주의로 이행하는 과도기에 출현한 정치형태로서, 봉건세력을 억제하면서 일정한 근대화 개혁을 시도하지만 시민계급이 성숙하여 절대주의를 비판하는 단계에 이르면 이 시민계급을 제압하는 반동적 성격을 나타낸다.

17~18세기 절대주의 시대이자 계몽주의 시대에는 프랑스의 루이 15세나 루이 16세와는 달리 계몽사상의 이념에 영향을 받아 스스로

근대화 개혁을 실현하려 한 전제군주들도 등장했는데, 이들을 계몽군주(또는 계몽전제군주 또는 개명전제군주開明專制君主, enlightened despot)라고 한다. 계몽군주는 절대주의의 성립과 전개과정에서 시민계급의 성숙이 늦거나 자본주의적 발전이 뒤처진 국가에서 출현했는데, 이들은 봉건계급의 저항을 견제한 '위로부터의 개혁자' 이다. 프로이센의 프리드리히 2세(Friedrich II, 1712~1786), 러시아의 예카테리나 2세(Ekaterina II, 1729~1796, 재위 1762~1796), 그들보다 나중에 등장했지만 오스트리아의 마리아 테레지아 여제의 아들 요제프 2세(Joseph II, 1741~1790, 재위 1765~1790), 스웨덴의 구스타브 아돌프 3세(Gustav III, 1746~1792, 재위 1771~1792) 등이다.

계몽군주는 스스로 계몽사상을 배우거나 계몽사상가를 초빙하여 철학자 왕(Philosopher King)이 될 것을 목표로 하면서 농업을 개량하고 근대산업을 일으키고 교육과 정치와 경제제도의 개혁을 시도했다. 그러나 실제로는 대부분 관념적인 것에 지나지 않았다. 계몽군주는 시민계급과 여러 봉건계급에 대하여 초계급적인 독립성을 가진 것처럼 보였지만, 기본적으로는 절대주의 전제군주였으며 반민주적인 군주일 뿐이었다.

사실 계몽사상가들도 반봉건 사상이 강했지만 다른 한편으로는 시민계급을 멸시하는 입장을 취하고 있었기 때문에, 절대주의의 존재 자체를 부정하지는 않은 채 그들이 이상으로 생각하는 철학자 왕을 계몽전제군주에게 기대했던 것이다. 많은 계몽군주들이 음악을 좋아하고 문학을 장려한 것은 그런 여러 목적이 있었다.

▌토지가 생산요소인 시대, 전쟁은 생존법칙

프리드리히 2세는 국가의 부는 국력신장의 전제조건이며 국력신장은 영토확장을 의미한다는 소신을 갖고 있었다. 당시는 토지가 부의 주요한 생산요소였으므로 그는 "소국이든 대국이든 모든 국가에게 영토확장 원리는 삶의 근본법칙"이라고 주장했다. 당시 군주와 국가를 분리하려는 움직임이 생겨나고 있었으나 그는 그런 사상의 영향을 전혀 받지 않았다. 그것은 "짐이 곧 국가"라고 한 프랑스의 절대주의 군주 루이 14세의 사상도 마찬가지였다. 그는 오직 군주의 봉사정신만을 신봉했으며, 자신의 통치기간 중 이와 같은 사상을 실현해 나갔다. 젊은 시절의 시련과 전쟁터에서 단련된 정열이 큰 힘으로 작용했다.

1756~1763년 무렵 유럽에서는 '7년전쟁'이 발발한다. '7년전쟁'의 원인은 매우 복잡하다. 16년 전인 1740년 세계 역사의 두 영웅 프로이센의 프리드리히 2세 대제와 합스부르크제국의 마리아 테레지아 여제(Maria Theresia, 1717~1780)는 오스트리아 왕위계승전쟁(1740~1748)을 벌였다. 이 전쟁에서 이긴 프로이센은 오스트리아의 비옥한 슐레지엔을 차지했다. 그 후 절치부심하던 마리아 테레지아 여제가 슐레지엔을 되찾기 위해 벌인 전쟁이 곧 '7년전쟁'으로, 말하자면 리턴 매치였다.

'7년전쟁'에는 유럽의 거의 모든 열강이 참여했고, 그들의 식민지인 아메리카와 인도에까지 확대되었다. 오스트리아·프랑스·작센·스웨덴·러시아가 동맹했고, 프로이센·하노버·영국이 연합했다. 유럽에서는 영국의 지원을 받은 프로이센이 최종적으로 승리를 거두었고, 식민지 전쟁에서는 영국이 오늘날의 퀘벡 주와 온타리오 주에서 프랑스 세력을 몰아냈으며, 인도에서도 프랑스군을 물리치고 대영제국의 기초를 닦았다. 7년간의 전쟁에서 인명손실은 무려 90~140만 명으로 추산된다. 윈스턴 처칠은 7년전쟁을 진정한 의미에서 "최초의 세계전쟁"이라고 명명한 바 있다.

▌ 합리성과 계몽주의에 반기를 든 낭만주의

18세기말부터 19세기 중엽까지 문학, 미술, 음악, 건축, 역사편찬 분야에서 낭만주의가 등장했다. 이 낭만주의는 개성, 주관, 비합리성, 상상력, 개인, 자연스러움, 감성, 환상, 초월성 등을 강조했다.

낭만주의(romanticism)라는 용어의 어원은 프랑스어 'le roman(소설, 이야기)'에서 유래된다. 이것은 중세 프랑스의 기사 이야기를 내용으로 하는 서사시(romance)를 의미하는데, 낭만주의에 철학적 바탕을 제공한 것은 계몽주의와 "자연으로 돌아가자"라고 한 루소였다. 이것은 앞선 시대의 철학자들이 합리성과 인간의 이성을 신봉하던 자세와는 완전히 다른 것이었다. 루소는 모든 불행과 죄악의 원인이 문명에 있고 자연 상태의 인간은 선하고 완전하다고 보았다. 대량생산에 의한 자본의 축적과 도시화, 계약에 의한 인간관계 등은 자연 그대로의 인간 모습이 아니라는 것이다. 이러한 루소의 주장은 당시 태동하던 낭만주의의 기본 생각과 맞아떨어졌기 때문에 철학적 배경으로 자리 잡게 되었다.

대표적인 낭만주의 작가는 노발리스(Novalis, Georg Philipp Friedrich Freiherr von Hardenberg, 1772~1801), 위고(Victor-Marie Hugo,

1802~1885), 워즈워스(Henry Wadsworth Longfellow, 1807~1882), 바이런(George Gordon Byron, 1788~1824), 셸리(Percy Shelly, 1792~1822), 키츠(John, Keats, 1795~1821) 등이었다.

엄격히 말해서 음악의 시대적 분류에 낭만이라는 용어를 적용한 것은 적절하지 않지만 19세기의 음악이 절대적으로 문학과 깊은 관련이 있음을 보면 낭만주의 음악의 용어적 타당성을 인정하게 된다. 1810년경부터 '낭만'이라는 용어가 음악에 등장했고, 베토벤 음악을 시자으로 낭만주이 음아이 시대가 열리게 되었다. 대부분의 음악사적 분류는 앞선 시대의 음악에 대한 거부나 개혁에서 이루어지는데, 낭만주의 음악은 18세기 고전주의 음악의 거부가 아니라 확장과 변화를 통한 고전주의 음악의 계승으로 본다. 실제로 이미 고전시대의 카를 필립 에마누엘 바흐(C. P. E Bach, 1714~1788)의 작품이나 하이든(Franz Joseph Haydn, 1732~1809)의 일부 교향곡들과 모차르트(Wolfgang Amadeus Mozart, 1756~1791) 말기 작품에는 이미 낭만주의적인 서정성이 상당히 많이 담겨 있다.

한편으로 낭만주의는 고대 그리스 로마의 예술에 바탕을 둔 전통과 미학적 태도를 추종하는 신고전주의의 특징인 질서, 냉정, 조화, 균형, 이상화, 합리성을 거부했다. 서구의 많은 사상가들은 18세기 중반이 되기 전까지, 즉 2000년이 넘는 동안 세상 만물에는 본성이라는 것이 있으며 인간은 이성을 통해 이러한 본성을 파악할 수 있다는 전통을 고수해 왔는데 낭만주의는 이러한 오랜 전통에 도전을 한 셈이다. 이러한 도전의 핵심에는, 세상에는 서로 양립할 수 없는 여러 개의 이상이 있으며, 각각의 이상들은 모두 나름대로의 타당성을 가지고 있다는 시각이 깔려 있었다.

　다른 한편으로 계몽주의와 18세기의 합리주의 및 물질적 유물론도 거부했다. 낭만주의 운동은 18세기 무렵 유럽에서 이등국으로 전락한 독일의 굴욕감에서 비롯되었으며, 계몽주의 시대 이성의 절대적인 권위에 반기를 든 운동이었다. 따라서 낭만주의는 자신이 가진 진리의 이름으로 타인을 억압할 수 없다는 깨달음을 강조했고, 사물의 영원 불변하는 구조와 절대적인 진리는 존재하지 않으며, 끊임없이 세계를 창조하고 변화시키는 힘으로서의 인간 의지를 최우선에 놓았다.

chapter 04

지식이 작업도구, 제조공정, 제품에 적용된 시대

−1750~1880

이중혁명 시대

▌《백과전서》와 기술학교 : 장인기술의 비밀을 벗기다

1700년경 이후로 50년 동안 많은 기술들이 발명되었다. 1750~1800년 사이, 영국은 특허를 공개하여 누구든지 지식을 도구와 제품과 제조공정에 적용하는 것을 허용했다. 그 결과 영국에서는 한 세기 동안 새로운 기계들이 폭발적으로 발명되었을 뿐만 아니라 기술의 비밀과 폐쇄성에 종지부를 찍게 되었다.

　기술(技術, technology)이라는 용어는 장인이 가진 비밀스런 기능을 뜻하는 단어인 'techne(skill)'에다 지식을 체계화하고 정리하는 것을 뜻하는 단어 'logy'를 조합한 용어다. 비밀스런 기능에서 보편적인 원리인 기술로 넘어가는 이 거대한 변화를 기록한 것이 바로 1751~1780년 사이 디드로와 달랑베르(Jean d'Alembert, 1717~1783) 등이 편집한 《백과전서》다.

《백과전서》는 1728년 이프레임 체임버스(Ephraim Chambers, 1680~1740)가 런던에서 《사이클로피디아: 예술과학 대사전 (Cyclopaedia: An Universal Dictionary of Arts and Science)》을 출판하여 성공하자 이에 고무되어 제작된 것이다. 원래는 출판업자 앙드레 르 브르통(Andre Le Breton, 1708~1779)이 체임버스의 《사이클로피디아: 예술과학 대사전》을 번역해 5권짜리 프랑스어판으로 제작하려던 것 이었으나 번역 작업이 실패하자 독자적인 백과사전 제작에 착수한 것 이다. 여기에 1745년 달랑베르가 편집인으로 참여했고 1746년에는 드니 디드로가 참여했다.

디드로는 사전의 편집과 제작에 필요한 3,000~4,000개의 도판을 만드는 일을 직접 지휘 감독했다. 이 도판들은 상업미술과 그 발달 과정을 생생하게 보여준다. 1780년 35권으로 된 초판이 완성된 《백 과전서》는 그 출발부터 보수적인 성직자들과 정부 관리들의 반대에 부딪혔다. 예수회의 검열을 받았고 비밀경찰은 《백과전서》의 기고자 들을 미행했다. 1752년 《백과전서》 시리즈 중 몇 권은 프랑스 최고행 정재판소에 의해 발행이 정지되었으며, 1759년에는 공식적인 비난과 함께 출판허가를 취소당하기도 했다. 논쟁을 불러일으킬 만한 일부 원고는 식자공들이 알아서 없애버리기도 했다. 《백과전서》는 초판이 나온 지 50년 후인 1832년 마지막 권이 출간되어 모두 166권으로 완성되었다.

《백과전서》의 어떤 항목들은 '정보전문가' 에 의해 구성된 것이다. 예를 들어, 실을 뽑고 베를 짜는 기능을 구성한 이가 '장인' 이 아니라는 사실은 결코 우연한 사건이 아니었다. 여기서 정보전문가란 당시의 석학들로서, 볼테르와 루소를 비롯한 계몽주의 철학자들도 주요한 기고자에 포함되었다. 《백과전서》가 의도한 바는, 물질세계의 효과적인 결과인 작업도구, 제조공정, 제품 등이 체계적인 분석과 지식을 목적지향적으로 적용하여 얻어질 수 있다는 것이었다 《백과전서》는 또한 어떤 기술로 물건을 만드는 원리는 다른 분야에도 적용될 수 있다는 사실을 설명하고 있다. 그러나 그것은 전통적 지식인과 전통적 수공업 장인로서는 받아들일 수 없는 금기(禁忌)였다.

요컨대 《백과전서》의 목적은 기존의 모든 장인들의 지식을 집대성하고 체계화하여 '도제 수련' 을 받지 않은 사람들도 '기술자' 가 될 수 있는 길을 열어주려는 것이었다. 기술학교와 《백과전서》는 경험을 지식으로 바꾸고, 도제제도 대신에 교과서로 공부를 하고, 비밀주의를 공개적인 방법으로 전환시켜 지식의 응용을 가능케 했다.

알브레히트 폰 할러(Albrecht von Haller, 1708~1777)는 1757~1766년 무렵 8권의 의학 백과사전 《인체생리학》을 발표하여 인체의 신경과 근육활동에 대한 이해를 높이고 실험생리학을 확립했다. 영국의 에드워드 제너(Eward Jenner, 1749~1823)가 천연두 백신에 관한 논문 〈우두 백신의 원인과 결과에 관한 연구〉를 자비 출판한 것은 30년 뒤 1798년의 일이었다. 그 후 각국은 종두법을 도입함으로써 마침내 이 질병은 사라졌다.

1767년 한 해 내내 오스트리아제국의 수도 빈에는 천연두가 만연했다. 마리아 테레지아 여제 자신도 한때 천연두에 걸려 사경을 헤매다가 회복했지만 병마를 이기지 못한 황족들이 많았다. 당시 결혼을 앞둔 여제의 아홉 번째 딸 마리아 요제파 공주는 늘 천연두에 걸려 죽을지도 모른다는 걱정에 싸여 있었다. 그녀보다 8살 많은 언니인 마리아 엘리자베스는 천연두에서 회복했으나 얼굴의 흉터가 너무 심해 평생 수녀원에서 지내고 있는 데다, 바로 위의 언니인 마리아 요한나 가브리엘라가 몇 년 전 천연두에 걸려 죽게 되자 큰 충격을 받은 것이다. 그 후 큰올케, 즉 큰오빠 요제프 2세 황제의 두 번째 부인이자 자신과 이름이 같은 마리아 요제파 황비 역시 천연두로 사망하자 공주의 공포는 극에 달했다. 그리고 결국 나폴리 왕국의 페르디난도 왕과 결혼하기 위해 알프스로 출발하는 날인 10월 15일, 마리아 요제파 공주는 천연두에 희생되고 말았다.

18세기 중반부터 실용적인 지식인 기술을 가르치는 대학들이 등장했다. 1747년 프랑스에서 최초의 기술학교인 토목전문대학이 세워졌고, 1770년경 독일에서 최초의 농업학교가 세워졌으며, 1776년에는 광산학교가 설립되었다. 1794년에는 프랑스 최초의 공과대학으로서 에콜 폴리테크니크(Ecole Polytechnique)가 설립되었는데, 이로써 직업 기술자가 처음으로 등장하게 되었다. 1820~1850년에는 의학교육과 의료실습이 체계적인 기술로 합쳐지게 된다.

산업혁명의 밑바탕이 된 《백과전서》와 기술학교는 수백 년 동안 개발된 기능, 즉 장인기술의 비밀을 한데 묶고 정리하고 출판하고 보급했다. 《백과전서》와 기술학교는 경험을 지식으로 바꾸고, 도제제도 대신 교과서로 가르치고, 비밀주의를 공개적인 방법으로 전환시키고, 지식의 응용을 가능케 했던 것이다. 이런 것들이 우리가 말하는 '산업혁명', 즉 '기술에 의한 사회와 문명의 세계적인 전환'의 본질들이었다. 그러므로 현대 자본주의가 불가피하게 지배적인 체제가 된 것은 바로 이 지식의 의미변화와 적용변화로 인한 것이었다.

▌애덤 스미스 : 인간은 지산에서 물질적으로 풍요하게 살 수 있다

애덤 스미스(Adam Smith, 1723~1790)는 톰 페인(Tom Paine, 1737~1809)과 프랑스 혁명가들의 정신적 지주였고, 마르크스에게 영감을 준 경제학의 선구자였다. 하지만 애덤 스미스는 중상주의 영국을 "장사치의 나라"라고 하며 경멸했고, 대표적 저서 《국부론(The Wealth Of Nations)》에서는 "시민정부는 사실상 가난한 사람으로부터 부자를 지키기 위해 수립되었다."라고 주장했다.

애덤 스미스의 인간 사상은 '이기주의'로 요약된다. "자기사랑(自愛)이라는 사적 동기가 공공의 이익을 증대시킨다."는 원리는, 개개인의 이기심이 충돌하고 경쟁하는 가운데 '보이지 않는 손'에 의해 자연도태가 일어나고 새로운 경제질서가 형성된다는 뜻이다. 이런 생각은 부자의 경제적 역할을 강조한 버나드 맨드빌(Bernard de Mandeville, 1670~1733)의 영향이 컸다. 맨드빌의 '부자의 사치'라는 측면에 대해 애덤 스미스는 《도덕 감정론(The Theory of Moral Sentiments)》(1759)을 통해 비난해야 마땅했지만 그의 도덕적 의식에는 부자의 사치가 유익한 것이라는 맨드빌의 이론과 표현법이 스며

들어 있었다.

"인간은 어떻게 옳고 그름을 판단하는가?" 애덤 스미스는 먼저 《리바이어던(Leviathan)》의 저자 토마스 홉스와 맨드빌의 영혼에 경의를 표하면서 《도덕 감정론》에서 이렇게 적었다. "인간이 아무리 이기적일 수밖에 없다 하더라도, 인간의 본성에는 다른 사람의 운명에 관심을 가지고 다른 사람들의 행복이 그에게 꼭 필요한 것이 되게 하는 어떤 원리가 분명히 있다." 애덤 스미스 이전에는 사람들은 일반적으로 자기 행동의 도덕성을 검토한 후 그것을 토대로 다른 사람의 행동을 판단한다고 생각했다. 애덤 스미스는 이를 뒤집어, 다른 사람의 도덕성을 먼저 판단한 다음 눈을 돌려 자신을 판단한다고 주장했다. 이것이 그의 첫 번째 혁신이었다.

네덜란드 출신으로서 영국에 귀화한 의사 맨드빌은 1705년 《붕붕거리는 벌통(The Grumbling Hive)》이라는 작은 풍자시집을 발간했다. 그 후 1714년 이 책을 "개인의 사익이 공익이 된다."라는 부제가 달린 《꿀벌의 우화(The Fable of the Bees: or, Private Vices, Publick Virtues)》로 개정 보완하여 출판했다. 이 책은 가난한 자들을 게으르게 만드는 자선활동보다 고용을 유발하는 사치성 소비가 훨씬 낫다는 내용을 담고 있다.

"인간은 사치와 쾌락에 대한 욕망 때문에 소비를 촉진한다. 그 결과 생산자는 투자를 늘리고 생산을 증대하게 되므로, 사치와 쾌락은 경제활동에 지속적 자극을 주는 촉매제이고 개인의 악덕이 상업사회의 번영과 경제성장을 좌우하는 근원이다." "국가에서 사치를 일거에 추방해 버린다면 포목상, 실내 장식업자, 재단사를 비롯한 많은 사람들이 반년 안에 굶어 죽을 것이다." 이런 주장은 당시 영국사회에 상당한 충격을 안겨주었지만 경제학자들에게는 호응을 받았다.

맨드빌의 요점은, 우리가 미덕이라고 알고 있는 것은 모두 이기심에서 나온다는 것이었다. 개인은 자기 이익을 추구하든 칭찬을 바라든, 결국은 자신이 좋다고 생각하여 한 행동이다. 그러나 모든 악이 모든 사회에 이득이 된다는 것이 맨드빌의 논지는 아니었다. 단지 사치는 개인의 도덕적 능력과 국가의 부를 좀먹는다고 하여 고대나 현대에서나 늘 비난의 대상이지만, 따지고 보면 사치는 사업을 움직이고 가난한 남녀들을 고용하게 만들어주는 현대사회의 필수적인 요소라는 것이다. 맨드빌의 저서들은 동시대의 사상가들에게 큰 관심과 논쟁의 대상이었다. 그가 죽은 뒤에도 그의 저서는 문학, 철학, 심리학, 정치학, 사회학 등의 분야에서 지속적인 관심의 대상이었고, 현대경제학에도 적지 않은 영향을 끼쳐서 20세기 대공황 시대 케인스에게 중요한 아이디어의 원천을 제공한 선구자였다.

근대 서구사회는 '생리적 욕구를 넘어서는 소비'에 대해 철학적 관심을 갖게 되었다. 볼테르도 "넘치는 것도 있어야 한다."고 말했다. 예를 들면, 생활에 필요한 건 아니지만 예쁜 구두를 보았을 때 "저 구두를 못 가지면 죽어버릴 거야"라고 말하는 시대가 된 것이다. 자갈밭에서 다이아몬드나 루비를 캐내는 인간을 볼 때 육체가 필요로 하는 것을 만족시키는 것 이상의 정신적 욕구는 애덤 스미스의 표현처럼 끝이 없는 것 같다. 애덤 스미스는 《국부론》에서 "인간의 행복은 유한한 자원과 인간의 무한한 욕망을 어떻게 조화시키는가에 달려 있다."고 주장하면서 결국 소비재 생산수준의 증가가 국가의 부를 증가시킬 뿐만 아니라 개인의 행복한 생활의 기초가 된다고 설파했다.

18세기 후반 일부 지식인들은 국가의 부를 증가시키는 데 관심이 있었다. 산업혁명의 원동력이 된 기계의 발명자들뿐만 아니라 애덤 스미스 같은 학자들도 마찬가지였다. 애덤 스미스가 《국부론》에서 설명한 '분업' 역시 그가 처음 발견한 것은 아니다. 크세노폰(Xenophon, BC 431~355)은 《오이코노미코스(Oeconomicous)》에서 "한 사람이 모든 것을 다 잘하는 것은 불가능하다. 차츰 각 분야에서 최고의 능력을 가진 사람들이 나타났다."고 썼다. 이것은 분업에 관한 최초의 기록들 중 하나다. 인류사에서 분업은 사냥꾼, 목동, 농부와 같이 일하는 계층에서 먼저 생겨났고 나중에는 점성가, 성직자, 관리, 군인, 귀족, 왕, 예술가와 같이 일을 하지 않는 계층, 즉 지식인들 사이에도 분업이 생겨났다. 또 당시로부터 한 세기 전의 윌리엄 페티(William Petty, 1623~1687), 50년 전의 맨드빌, 동시대의 데이비드 흄(David Hume, 1711~1776) 등이 비슷한 이야기를 했다.

애덤 스미스 경제학의 핵심은 '자유경쟁'과 '분업'인데, 그런 점에서 그는 경영관리에 관한 여러 문제와 개념에 관해 처음으로 글을 쓴 사람이기도 했다. 스미스의 분업이론은 찰스 바베지(Charles Babbage, 1792~1871)를 비롯한 경영관리의 여러 선구자들에게 영향을 주었고, 프레더릭 테일러와 헨리 포드에게 계승되어 작업 단순화, 작업연구, 시간연구로 인한 대량생산방식으로 확대되었다.

스미스는 높은 임금을 주장했다. 임금이 높아야 힘든 일을 마다하지 않게 되고, 또 결혼도 하고 자식을 행복하게 해줄 수 있다고 생각했기 때문이다. 그러나 그것은 부차적인 이유였고, 국민 전체의 의식주를 제공하는 노동자들이 자신의 생산활동으로 인해 잘 먹고 잘 입고 좋은 집에서 살 수 있을 만큼의 몫을 가져야 공평하다는 것이 요지였다. 스미스는 장자 상속법, 독점, 담합, 각종 금지조항, 관세, 수출장려금 등이 인위적으로 시장가격을 올린다며 반대했다.

▌토머스 제퍼슨 : 물질적 풍요를 독립 선언문에 명기하다

고대시대(그리스 로마의 철학자)에서 중세시대(아우구스티누스 등)까지 사람들은 현실에서 물질적으로 행복할 수 없다고 생각했지만, 중세 말기 토마스 아퀴나스에 이르자 더 잘살기 위한 상업활동을 인정하게 되었고, 애덤 스미스는 사람이 부를 축적하고 잘사는 구체적인 방법을 제시하기에 이른다. 애덤 스미스는 산업혁명 이전까지 국가와 종교가 장악하고 있던 경제를 자유로운 경제의 장으로 개방한 것이다. 다시 말해, 기업가 정신을 가진 민간 기업가에게 경제의 주도권을 이전시킨 것이다. 애덤 스미스의 경제인 모델은 자유시대 경제적 독트린의 첫 번째 산물이었다.

벤저민 프랭클린(Benjamin Franklin, 1706~1790)과 함께 미국의 독립선언서를 기초한 토머스 제퍼슨(Thomas Jefferson, 1743~1826)은 독립정신의 이상을 '삶, 자유, 그리고 행복'으로 삼았다. 그런데 여기서 행복이란 물질적 풍요 없이는 불가능한 것이다. 이러한 요구로 인해 미국에서 자본주의가 도입될 수 있었다. 훗날 드러커는 기독교에 뿌리를 두고 개인의 존엄성에 역점을 둔 미국식 사회철학이야말로 미국을 가장 물질적이면서도 가장 이상적인 사회로 만든 요인이라고 지적했다.

제퍼슨의 이상은 1789년 프랑스혁명에서 혁명가들이 내세운 '자유, 평등, 박애'의 구호로 이어졌다. 시민혁명(미국의 독립전쟁과 프랑스 대혁명)은 물자를 직접 생산하는 사람들이 왕과 귀족과 고위 사제들, 즉 국민의 혈세를 낭비하는 전통적인 권위에 반발하여 무력 봉기를 일으킨 사건이었다.

미국의 제3대 대통령 토머스 제퍼슨이 정치적 개혁자인 동시에 과학자이며 발명가이기도 한 것은 우연한 일이 아니었다. 토머스 제퍼슨은 대통령 재직시 특허국장을 겸임했다. 제퍼슨은 "정부라는 기관이다."라는 표현을 썼고 정부를 일종의 기계로 간주했다.

▌에드먼드 버크 : 프랑스 대혁명을 비난하다

《백과전서》는 모든 지식 분야의 새로운 조류를 대표하는 지식의 보고로서, 프랑스혁명 기간에도 계속 출판되었다. 특히 진보적인 사상에 대해 매우 관용적인 자유주의 관점으로 설명했고, 과학과 기술과 예술을 혁신적으로 다루었으며, 당대 진보적 사상을 대변함으로써 광범위한 영향을 끼쳤고, 프랑스혁명의 사상적인 기초를 제공했다. 《백과전서》는 비밀스런 기능을 보편적인 원리인 기술로 바꾸었을 뿐 아니라 국왕과 귀족이 소유한 권력을 민주화하는 데도 기여했던 것이다.

그러나 프랑스 대혁명에 이은 공포정치 시대, 로베스피에르(Robespierre, 1758~1794)는 1793년 혁명정부의 통치기관인 공안위원회를 장악했는데, 그가 주도한 피의 공포정치는 대중의 복수심과 평등의식에 기초한 포퓰리즘의 한 변형이었다. 그러나 로베스피에르는 그다음 해에 일어난 테르미도르 반동 때 축출되어 처형당했다. 역사는 반복되는 것인가?

포퓰리즘은 되풀이되었다. 포퓰리즘은 1890년대 미국에서 결성된 포퓰리스트당(Populist Party), 즉 인민당(People's Party)에 그 기원을 두고 있다. 인민당은 미국의 민주당과 공화당에 대항하기 위해 농민과 노동조합원들을 규합하여 설립한 제3당으로, 경제적 합리성을 무시하고 좌파 과격주의 정책을 전면에 내세웠다. 독재 성향이 있는 정치가는 국민들에게 직접 호소하기를 좋아하고 대중적 지지를 권력의 기반으로 삼는 법이다. 아르헨티나의 후안 페론(Juan Peron, 1895~1974)이 대표적이다. 그들은 사회에 대한 불만과 원한을 조직화하여 사람들을 내 편과 적으로 갈라놓는다. 나중의 일이지만 선동을 주요 무기로 정권을 잡은 후 제2차 대전을 일으킨 히틀러의 나치즘은 포퓰리즘의 극단적인 예다. 공짜로 빵을 나누어주든 피의 공포정치를 하든 포퓰리즘은 모두 권력을 잡고 또 유지하기 위한 인기정책이다.

독재자의 등장과 전제정치의 맹공격에 맞설 수 있는 유일한 반격은 자유민주주의 사회가 새로운 근본적인 힘을 발산하도록 하는 것이다. 하지만 그런 새로운 힘을 발산할 수 있는 하는 새로운 민주 질서를 만드는 데 지름길은 없다. 그렇다 해도 프랑스 대혁명(1789~1799)이 진행되는 동안 영국이 보여준 대응은 시사하는 바가 크다.

프랑스 대혁명이 발발하기 직전 영국은 완전히 붕괴될 것으로 보였다. 1764년 4월에서 1765년 7월까지 영국에 체류했던 아홉 살의 모차르트는 사회적 소요사태가 발생하는 것을 종종 보았다. 런던 사람들은 프랑스산 값싼 수입품에 저항하는 영국 방직공들의 반란 소식에 동요하고 있었다. 영국정부의 당면한 과제는 검은 깃발을 흔들며 몰려드는 시위대를 몰아내는 것이었다. 산업혁명의 중심도시 런던은 데모와 스트라이크로 오랫동안 몸살을 앓아야 했다. 당시 그런 광경을 본 어린 모차르트는 아버지에게 물었다.

"아버지 저렇게 해도 되는 건가요?"

"아니, 저러면 안 되는 거란다."

1789년 프랑스 대혁명 직전, 영국은 해외 식민제국을 상실했다. 영국사회는 영국의회와 정부와 마찬가지로 부패했고, 모든 사회계층이 영국왕실을 혐오했다. 하층계급은 그 당시 막 첫발을 내디딘 산업혁명에 대해 공공연히 반발했다. 산업과 무역은 도산 직전이었다.

반면, 프로이센은 프리드리히 2세의 주도면밀한 산업정책에 힘입어 국가의 내부적 힘이 최고조에 달한 것처럼 보였다. 프로이센은 오스트리아와 주변 강국에 맞서 외교전략과 전쟁을 통해 영토를 확장하고 유럽 최강의 군사대국이 되었다. 프리드리히 2세는 신성로마제국의 해체와 독일의 통일을 이루는 데 주도적 역할을 했다. 모든 종교에 관용적인 정책을 폈고 보통교육을 확대했으며 성문헌법도 제정했다. 정치 분야에서는 스스로를 국가의 첫 번째 종이라고 자처하면서 전제정치에 인간적인 자비로움을 접목시키고자 하는 절대계몽군주로 평가받았다. 그에 따라 군사적으로 나폴레옹(Napoleon Bonaparte, 1769~1821)에 버금가는 위대한 지도자의 한 사람으로 손꼽혔다.

1789년 프랑스 대혁명이 일어나자 영국의 모든 사람들이 영국에서도 당장 혁명이 일어날 것으로 예상했다. 그러나 영국의 정치인 겸 철학자 에드먼드 버크(Edmund Burke, 1729~1797)는 그런 부패 속에 내적 힘이 존재한다는 것을 꿰뚫어보았다. 에드먼드 버크는 이내 혁명에 적대감을 느꼈고 곧 《프랑스 혁명에 관한 성찰론(Reflections on the Revolution in France)》(1790)을 집필했다. 버크는 프랑스 대혁명의 진행과정을 논하면서 그 지도자들의 성격과 동기와 정책들을 분석했다. '인간의 권리와 민중의 통치'라는 혁명의 개념들을 집중 겨냥하여 단순한 수의 지배에 비탕을 둔 민주주의가 초래할 위험들을 역설했다. 또한 혁명의 도덕적 열기와 정치 재건이라는 거창한 투기적 계획들이 전통과 전래의 가치들을 평가절하하고 애써 획득한 사회의 물질적 정신적 자원들을 무분별하게 파괴하고 있다고 주장했다.

버크는 이런 '무분별에 대응하는 분별력'의 표본으로, 영국 헌법의 모범과 가치를 내세웠다. 영국 헌법은 지속성과 비조직적인 성장을 추구하며 이론적인 혁신이나 추상적인 권리보다는 전통적인 지혜 및 관례와 시효에 의해 획득되는 권리를 옹호했다. 버크는 모든 계층에 산재한 패배주의자들로부터 바보 취급을 받았으나, 결국 영국의회는 버크와 윌리엄 피트(William Pitt, 1759~1806)의 내각을 지지했다.

프랑스 대혁명 후 나폴레옹이 전쟁을 일으키자 굳건할 것 같았던 프로이센은 패했으며, 영국 혼자만 유럽사회에서 굳건히 서 있었다. 영국이 저항하지 못하고 사회적 도덕적으로 붕괴했다고 해도, 조만간 나폴레옹이 쌓아올린 제국이 산산조각 날 것은 불문가지였다. 그러나 영국이 산업혁명을 통해 부르주아 민주주의라는 새로운 근본적인 힘을 개발하지 않았다면, 나폴레옹이 사망하거나 실각한 후 유럽은 (본

받을 사회질서가 없기 때문에) 다음 한 세대 동안은 틀림없이 나폴레옹 휘하의 장군들의 발에 이리저리 차이는 축구공 신세가 되어 전쟁, 가난, 고통, 야만적인 박해가 연출되는 극장무대가 되었을 것이다.

어쨌든 20여 년간의 처절한 나폴레옹 전쟁 기간에 영국은 18세기의 사회를 역사적으로 단절하지 않고 연속시키면서 19세기를 위한 새로운 사회를 개발했다. 다시 말해 영국은 산업혁명을 통해 그 다음 100년 동안 세계의 강국이 되었고 유럽의 모범이 되었으며, 19세기 내내 상상도 못할 경제적 영토적 확장을 이룰 기초를 다졌던 것이다.

물론 버크도 사회변화에 대해 부정하는 입장이 아니라 오히려 불가피하고도 바람직하다고 보았다. 버크는 미국 독립혁명을 지지했다. 그러나 사회 전체의 개혁을 추진하는 수단은 기존의 사회생활을 대대적으로 뜯어고치는 투기적인 혁명에 기초할 것이 아니라, 변화의 세부적인 진행과 구체적인 가능성에 기초해야 한다고 했다. 또한 어떤 목적을 지나치게 강조한 나머지 다른 목적들을 희생하는 일이 있어서는 안 된다고 했다.

요컨대 버크는 혁명의 가치는 프랑스 대혁명처럼 '자유와 평등'과 같은 특정의 목표를 실현하는 데 있는 것이 아니라 사회를 발전시키기 위해 존재하는 선한 생활의 다양한 요소들을 강화하고 조화시키는 데 있다고 보았다. 신분과 계층구조의 효용 및 사회생활에서 정치의 한계에 대한 버크의 설득력 있는 저술은 영국에서 오랫동안 널리 존중되었다. 그리고 프랑스혁명을 비난하는 버크의 저서들은 그 시대 유럽의 반혁명 사상을 고취하는 데 중요한 역할을 했다.

■ 장 바티스트 세이 : 공급은 수요를 창출한다

경제학사에 자신의 이름을 딴 경제법칙 '세이의 법칙(Say' Law)'을 남긴 장 바티스트 세이(Jean Batiste Say, 1767~1832)는 프랑스 리옹 출신으로, 어릴 때 부친에게서 장사하는 법을 배우고 영국에서 교육을 받은 후 보험회사에 근무했으며, 산업사회에서 자본가와 다른 의미를 가진 기업가의 역할을 강조하는 경제이론을 제안했다. 간단히 말해, 오늘날 경영에서 자주 사용하는 '혁신'이나 '기업가 정신'이라는 말은 세이가 만든 용어다. 혁신이란 기업가가 기업가 정신을 발휘하기 위한 구체적인 수단이며, 경영혁신은 기존의 자원이 새로운 부를 창출하도록 하는 활동이다.

영국의 산업혁명 과정을 직접 목격한 세이는 애덤 스미스의 《국부론》을 번역하여 프랑스에 소개했고, 자본주의 경제체제를 스미스보다 훨씬 더 낙관적으로 바라보았다. 자신의 저서 《정치경제학 개론 (Trait D'conomic Politique)》(1803)에서는 근대 산업사회를 자연주의적이고 합리주의적인 과학관에 의해 분석했다. '판로의 법칙'이라 불리기도 하는 '세이의 법칙'은 경제의 후퇴는 수요부족이나 통화부족의 결과로 일어나는 것이 아니며 '공급은 그 자신의 수요를 창출한다'는 관점으로 자유경쟁과 자유무역을 옹호하는 주장이다. (원래 "공급은 수요를 창조한다."라는 표현은 세이의 저서에 나오는 것이 아니라 나중에 제임스 스튜어트 밀이 세이의 《정치경제학 개론》을 영어판으로 출판할 때에 요약한 것이다.) 좀 더 부연하면, 모든 경제활동은 물물교환이므로 자유시장에서 수요와 공급이 일치하지 않을 때, 예컨대 공급이 초과되면 가격의 저하를 불러 수요를 창출하므로 최종적으로 수요와 공급은 일치한다는 것이다. 공급을 늘리면 결과적으로 수요는 확대된다. 그 과정에 광고, 판매촉진 활동, 가격조정, 새로운 경영전략 등이 동원된다. 화폐는 공급과 수요의 중개를 위해서 가면 역할(veil of money)을 한다.

세이는 인간사회의 경제현상은 욕구의 체계이고, 경제행위란 효용의 증대와 욕구만족을 의미하므로 생산적 노동과 비생산적 노동의 경계선은 자연히 없어진다고 보았다. 세이가 제시하는 욕구의 체계는 개인의 욕구에 대한 정부의 통제가 없는 비인격화된 대중소비사회를 전제로 한다. 대중소비사회는 생산활동의 주체인 기업이 이윤추구를 위해 불특정 다수 소비자의 욕구를 창조하는 사회다. 따라서 피터 드러커가 나중에 "기업의 목적은 고객창조다."라고 했을 때 그 역시 대중소비사회의 소비자를 염두에 둔 것이고, 불특정 다수 소비자의 욕구를 발굴하고 고객을 창조하는 사람은 기업가이며 그런 활동과정은 혁신과 창의력의 발휘라고 보았다. 세이의 철저한 자유방임주의가 마음에 들지 않았던 나폴레옹은 세이를 소환하여 전쟁경제 구축을 위한 보호무역정책과 무역규제를 정당화하는 내용을 세이의 저서에 가필하도록 요구했다. 세이가 이것을 거절하자 그의 저서는 금서가 되었다.

▌토머스 맬서스 : 인간활동의 통제가 필요하다

세이의 주장에 대해 같은 시대 영국의 토머스 맬서스(Thomas Robert Malthus, 1766~1834)가 반론을 제기했다. 세이의 주장은 잉여생산의 존재를 부정하고 경제의 확대 재생산, 즉 경제성장마저도 부정하는 결과를 초래하는 단점이 있다는 것이었다.

맬서스는 세이의 법칙에 대해 두 가지 측면에서 비판했다. 첫째, 저축이 잠재수요이긴 하지만 반드시 유효수요로 나타난다고 할 수 없으며 따라서 생산물이 언제나 완전하게 판매되지는 않는다. 이른바 과소 소비설(過小消費說)의 입장에서 공황 발생의 가능성을 제시했다.

둘째, 생산물의 판매가 불완전함에 따라 이윤의 실현은 불완전해지고 이에 따라 자본가의 투자감소 및 과잉생산이 일반화될 수 있다. 맬서스의 비판은 그 후 여러 경제학자들에 의해 공황과 비자발적 실업에 대한 이론으로 발전했다.

또한 맬서스는 "인구는 기하급수적으로 늘어나고 식량은 산술급수적으로 증가한다."고 전제하고, 그러한 결과 기근, 빈곤, 악덕이 발생한다고 주장했다. 이런 불균형과 인구증가를 억제하는 방법으로 성적 교섭을 막고 결혼을 연기하여 출산율을 감소시키는 등의 도덕적 조치를 제안했다. 맬서스는 사회에서 부자를 몰아내어 빈곤을 척결하는 일은 불가능하다는 경험적 관찰도 서술했다. 맬서스의 이런 주장은 엄청난 파문을 일으켰다. 동시대의 낭만주의 시인 셸리(Percy Shelly, 1792~1822)는 맬서스를 "거세된 남자이자 독재자"로 몰아붙였고 "부자들의 전도사"라고 비난했다. 찰스 디킨스(Charles Dickens, 1812~1870)의 소설 《크리스마스 캐롤》(1843)에서 "가난한 사람들은 죽는 것이 차라리 나은 것인지도 몰라. 잉여인구를 감소시키니까 말이다."라고 말하는 스크루지는 맬서스를 풍자한 인물이었다.

과소 소비를 전제로 하여 생산활동의 축소정책 등을 의도적으로 추진하게 되면 결국 사회는 통제된 전체주의로 가게 된다. 불균형과 과소 소비의 문제는 기업과 개개인의 창의력과 경쟁에 따라 융성과 쇠퇴가 뒤따르지만, 자연스럽게 퇴출과 재탄생 과정을 겪도록 내버려두어야 한다. 다시 말해 사람들이 무엇을 먹고, 어떤 옷을 입으며, 어떤 집에서 살고, 무슨 음악을 듣는가 하는 선택은 시장과 개인에게 맡겨야 한다는 반론도 받게 된다.

산업혁명과 자본생산성

▌지식 패러다임의 첫 번째 이동과 그 인식

르네상스 시대 이후 두 세기는 연속의 시대였다. 그 다음 역사의 전환은 상징적으로 1776년부터 시작되었다. 고대 그리스와 로마 시대 이후로 인간의 내면에 적용되었던 지식이 1750~1880년까지 130년 동안 처음으로 인간의 외부에 적용되었다. 지식이 작업도구와 제조공정과 제품에 적용되어 자본생산성을 향상시키고 산업혁명을 일으켰다.

1776년 미국 독립운동이 시작되었고, 제임스 와트(James Watt, 1736~1819)가 증기기관을 완성했으며, 애덤 스미스가 《국부론》을 발표했다. 이것은 정치혁명과 산업혁명이 동시에 일어나는, 이른바 에릭 홉스봄(Eric Hobsbawm, 1917~)이 말하는 '이중혁명' 시대였다. 이 전환기는 40년 뒤 나폴레옹을 결정적으로 패퇴시킨 워털루전쟁(1815) 때 종결되었는데, 이 40년 동안 각종 '주의(ism)'가 탄생했다. 예컨대 공리주의, 자본주의, 사회주의, 공산주의 등이 이 40년 동안 발흥한 것이다.

1780년 11월 29일 오스트리아 제국의 마리아 테레지아 여제가 63세로 서거하자 신하들은 후임 황제가 통치방식을 어떻게 바꿀 것인지 궁금해 했다. 계몽군주 요제프 2세 황제는 감정의 동요 없이 신하들에게 확고하게 그러나 간결하게 말했다. "노예제와 농노제 폐지, 형법제도 개선, 조세평등의 실현, 교회와 귀족의 권한 제한, 사상의 자유 보장, 관용의 정신 확대, 그리고 기능을 제대로 수행하지 못하는 수도원과 수녀원의 폐쇄를 추진할 것이오. 개혁을 늦추다가는 제국이 파멸될 것이오."

이 40년 동안 현대적 대학인 베를린대학교(1809)가 설립되었고, 학교교육이 보편화되기 시작했다. 사실상 이 40년 동안에 새로운 유럽 문명이 창조되었다고 할 수 있다.

또 다른 특기할 사항은 유태인의 해방이다. 1760년 유대인 출신인 마이어 로트실트(Mayer A. Rothschild, 1744~1812)와 다섯 아들은 프랑크푸르트에서 금융업을 시작했는데, 영국 명칭으로는 '로스차일드'라고 한다. 금융업이라고는 하지만 로스차일드은행은 사치품 장사와 상업어음 거래가 주였다. 그러나 프랑스혁명을 거쳐 1792~1815년의 나폴레옹 전쟁에 크게 힘입어 어엿한 은행으로 성장했고, 1820년대에는 런던, 파리, 비엔나, 나폴리에 지점을 둔 국제은행으로 성장했다. 아버지와 맏아들 암셀 로트실트(Amschel Rothschild, 1773~1855)는 프랑크푸르트에서 가업을 계속 확장했고, 셋째 네이션 로트실트(Nathan, 1777~1836)는 1804년 런던에, 다섯째 제임스 로트실트(James, 1792~1868)는 1811년 파리에, 둘째 잘로몬 로트실트(Salomon, 1774~1855)와 넷째 카를 마이어 로트실트(Carl Mayer, 1788~1855)는 1820년대 각각 빈과 나폴리에 지점을 열었다. 이들은 과거 메디치 가문처럼 전쟁을 치르고 있는 국가에게 돈을 빌려주거나 밀, 면화, 식민지 생산물, 무기 같은 주요물자를 거래했다. 영국과 유럽대륙 간의 국제지불 대체업무를 수행함으로써 영국을 봉쇄하려는 나폴레옹의 노력을 헛되이 만드는 데도 한몫했다. 그리하여 1815년 무렵 로트실트 가문은 유럽의 왕들과 군주들보다 더 빛나는 존재가 되었다.

브로델(Fernand Braudel, 1902~1985)은 이 시기에 지식이 경제기술에 적용된 이유는 당시 인간의 노동력이 비쌌기 때문이라고 지적했다. 당시 유럽에서의 에너지원은 동물과 인간의 근육이었다.

제1차 대전 이전, 모든 국가의 가장 큰 단일 인구집단은 농부였다. 오늘날 자유경제 체제를 갖춘 선진국의 농부들은 전체 인구 또는 전체 노동력의 5퍼센트에 불과하며, 이 수치는 100년 전의 10분의 1수준이다. 1900년경 모든 선진국에서 두 번째로 큰 인구 집단이자 노동력 집단은 가사를 돌보는 동거 하인들(live-in servants)이었다. 하인들은 차츰 도시로 나가서 임노동자가 되었고, 임금 역시 상승하게 되었다. 말이나 소 그리고 임노동자는 일이 없을 때에도 사료와 임금을 제공해야 했기 때문에 비용이 들지 않는 기계가 필요하게 되었다. 그 때서야 드니 파팽(Denis Papin, 1647~1712)의 기술이 제임스 와트에 의해 실용화하게 된다.

제임스 와트의 증기기관은 갑자기 발명된 것이 아니라 오랜 기간 축적된 기술의 성과다. 우선 1680년경에 드니 파팽은 최초의 안전밸브를 조립했다. 1707년 독일의 뱃사공 조합원들은 숲속에서 드니 파팽을 죽인 후 그가 만든 세계 최초의 증기선을 파괴해 버렸다. 실제로 증기기관이 선박의 동력으로 이용되기까지는 그 뒤로 한 세기가 더 흘러야 했다.

1698년 토머스 세이버리(Thomas Savery, 1650~1715)는 펌프식 엔진의 특허를 신청했다. 그러고 나서 1712년, 토머스 뉴코맨(Thomas Newcomen, 1663~1729)이 최초의 실용적인 증기엔진을 영국의 한 석탄탄광에 설치했다. 1765년 비로소 제임스 와트가 최초의 증기기관을 완성했지만 실용화되지는 못했다. 1774년 제임스 와트와 매슈 볼턴(Matthew Boulton, 1728~1809)은 합작투자 계약을 맺었고, 1776년 3월 6일 버밍엄에서 개량형 증기엔진을 탄광과 제철소에 설치했다. 곧 증기기관은 탄광과 면방직공장에서 없어서는 안 될 기본설비가 되었다.

산업혁명은 농부와 장인 기술자 중심의 농업과 수공업 경제로부터 기계를 사용하는 제조업 위주의 경제로 변화하는 과정이다. 드러커는 지식을 인간의 내면탐구, 즉 자기수양을 위한 것으로부터 '인간의 외부'에 초점을 맞춘 결과 산업혁명에 이른 것이라고 해석했다. 산업혁명으로 인해 노동자는 연장을 가지고 손으로 일하던 방식 대신 기계를 조작하게 되었다. 철도는 심리적 거리를 단축시켰고, 인간은 의식주 문제를 근본적으로 해결할 수 있다고 생각하게 되었다.

'산업혁명'이라는 용어는 프랑스의 학자들이 가장 먼저 사용했지만 처음으로 일반화한 것은 영국의 경제사가 아널드 토인비(Arnold Toynbee, 1852~1883)가 1884년 《산업혁명(The Industrial Revolution)》이라는 제목으로 '1760~1840년 사이 영국의 경제발전'을 설명하는 과정에서 사용하면서부터였다. 《역사의 연구(Study of History)》를 집필한 아널드 조지프 토인비(Arnold Joseph Toynbee, 1889~1975)는 그의 조카다.

산업혁명의 특징을 기술적 측면과 비기술적 측면(사회적, 경제적, 문화적 측면)으로 나눌 수 있는데, 기술적 측면에서는 철과 강철과 같은 새로운 기초소재 사용, 증기기관과 같은 새로운 동력 이용, 방적기와 같은 생력적(省力的) 기계 발명, 그리고 공장 생산제도 등이다. 비기술적 측면에서는 점증하는 비농업 인구에게 공급할 농업생산의 증가, 공업생산 및 국제무역 증대의 결과로 인한 부의 분배 확대, 부의 원천으로서 토지의 중요성 감소, 도시의 성장과 노동운동의 발달, 사회적 문화적 심리적 변화 등이다.

1776년에서 1815년에 이르는 기간은 새로운 역사를 만드는 전환기였다. 그러나 계몽주의와 미국 독립운동과 그 무렵 시작된 산업혁명에 의해 자극받아 일어난 전환기에 대해 당시 사람들은 그 의미를 깨닫지 못했다.

애덤 스미스의 《국부론》은 제임스 와트가 증기기관의 특허를 얻은 1776년에 출판되었지만 《국부론》이 설명한 생산은 여전히 장인기술 중심이었고, 기계나 공장 또는 산업적 생산에 대하여 실제적인 관심을 기울이지 않았다. 스미스가 알고 있는 산업이란 핀, 단추, 못, 화력엔진, 풍차, 방앗간, 대장간, 탄광, 철물, 양모, 무두질한 가죽, 맥주, 건초, 푸줏간 고기, 거름 등이 고작이었다. 스미스는 당시 자본이 이익을 가장 많이 낼 수 있는 분야는 농업이라고 생각했다.

공장이나 기계는 데이비드 리카도(David Ricardo, 1772~1832)의 경제학에서도 아무런 역할을 하지 않고 있다. 더욱 놀라운 것은, 가장 통찰력 있는 영국의 사회비평가 겸 소설가인 제인 오스틴(Jane Austin, 1775~1817)의 소설에는 공장이나 공장근로자 뿐만 아니라 은행 같은 것이 전혀 등장하지 않는다. 그녀가 속한 사회는 시대적으로는 완전히 '부르주아 사회'였지만 그녀가 묘사한 사회는 산업사회 이전의 것으로서 시골 유지들과 소작인들의 모임, 교구목사들과 해군장교들, 변호사들, 장인들, 가게점원들의 사회였다. 1815년 나폴레옹 전쟁이 끝난 지 몇 년이 지났는데 사회를 날카롭게 관찰하는 사람들조차 공장이나 기계를 사회의 중심현상으로 보지 않았던 것이다.

당대에 대해 그 무렵 유럽에서 시작된 산업혁명에 자극받은 전환기였다고 깨달은 사람은 오히려 유럽대륙에서 멀리 떨어져 있는 미국의 알렉산더 해밀턴(Alexander Hamilton, 1757~1809, 미국 초대 재무장관)이었다. 그는 기계식 생산이 빠른 속도로 경제활동의 중심이 될 것을 일찍이 감지했다. 그러나 해밀턴의 추종자 가운데 몇 명만이 해밀턴의 저서 《제조에 대한 보고서(Report on Manufactures)》(1791)에 대해 관심을 가졌으며, 그것도 그가 죽은 지 훨씬 지나고 난 뒤였다.

결국 전환기가 종료된 1815년 이후 20여 년이 더 지나서야 비로소 전환기로 이해되고 분석되었다. 대표적인 것이 1835년과 1840년에 각각 발표된 알렉시스 토크빌(Alexis de Tocqueville, 1805~1859)의 두 권으로 구성된 《미국의 민주주의(The Democracy in America)》에서였다. 산업사회 초기에는 기술과 자본주의가 저항을 받았다. 영국과 독일에서는 폭동이 일어났다. 1830년경 프랑스 자본주의 사회의 추악한 단면을 묘사한 발자크(Honore de Balzac, 1799~1850)의 소설들은 베스트셀러가 되었다. 그리고 그로부터 15년이 지난 후 영국의 찰스 디킨스의 소설을 통해 자본가와 프롤레타리아 계급, 공장생산 시스템, 기계 등이 중심 배경으로 나타났다.

디킨스의 소설 《황폐한 집(Bleak House)》(1852)은 새로운 사회가 가져온 긴장감을 시골 대지주 집사의 두 아들을 통해 극명히 묘사하고 있다. 장남은 파산한 무능한 '신사계급'으로 충실히 남아 있기를 선택하지만, 작은 아들은 대자본가가 되어 지주와 싸우고 그들의 권력을 타도하기 위해 국회의원을 꿈꾼다.

디킨스의 또 다른 소설 《고된 시기(Hard Times)》(1854)는 그때까지 나온 소설 가운데 가장 영향력 있는 산업소설로서, 면방직공장에서 일어난 처절한 파업과 철저한 계급투쟁을 묘사하고 있다.

▌증기기관과 기술의 확산

제임스 와트와 매슈 볼턴이 합작한 증기기관 제조회사 소호공장 (Soho Foundry)은 1775년에서 1800년까지 318대의 증기기관을 만들 었다. 그 중에서 114대가 방직 부문을 위해 생산된 것이었고, 56대는 광산과 수직갱도, 37대가 제련공장, 39대가 제분공장 및 맥주공장을 위해 생산되었다.

영국의 여류소설가 다이애나 물럭(Diana Maria Mulock, Mrs. Craik, 1826~1887)은 소설 《신사 존 핼리팩스(John Halifax, Gentleman)》(1857) 에서 19세기 초기 물레방아에 쓰였던 증기기관을 사실적으로 묘사했 다. "인간이 만든, 생명 없는 나무와 금속이 신비스럽게 결합된 이 놀 라운 창조물 속에 영혼이 깃들어 있다. 이 괴물은 살아 있다!"

1800년 사업을 자식들에게 물려주고 은퇴할 즈음의 와트와 볼턴은 영국에서 손꼽히는 부자 반열에 올라섰으며, 영국 또한 유럽 전체 석 탄 생산량의 다섯 배에 달하는 연간 1억 5000만 톤의 석탄을 캐낼 수 있게 되었다. 그러나 와트와 볼턴은 더 큰 기회를 놓쳤다. 두 사람이 합작으로 운영하는 공장에 있었던 또 다른 천부적인 발명가 윌리엄 머독(William Murdock, 1754~1839)의 제안을 거절했기 때문이다. 철 도가 개설되기 40년 전인 1780년대 머독은 이미 증기기관차의 설계도를 완성하여 두 사람에게 설명했지만, 제임스 와트는 "앞으로도 바퀴 달린 마차가 계속해서 사용될 것"이라고 했다.

와트는 그 생산적인 일생을 통하여 오직 한 가지만의 목적에 관심을 두었다. 즉, 토머스 뉴코맨이 발명한 증기기관을 이용해 광산에서 물을 뽑아내는 것이었다. 그러나 영국의 한 철강기술자는 화로에 공기를 불어넣는 데 사용할 계획으로 와트가 만든 두 번째 증기기관을 구입했다. 와트의 동료 매슈 볼턴은 증기기관을 모든 종류의 산업공정에 적용하고자 했는데, 특히 당시 가장 큰 산업이었던 섬유산업의 동력 공급원으로 사용토록 독려했다.

그로부터 35년 후 미국인 로버트 풀턴(Robert Fulton, 1765~1815)은 뉴욕의 허드슨 강에 최초로 기선을 띄웠다. 또 20년이 더 지나자 증기기관은 바퀴를 달고 자동차로 태어났다. 그리고 1840~1850년까지 증기기관은 유리 제조공정에서부터 인쇄물 제조공정에 이르기까지 모든 단순 제조공정을 바꿔놓았다. 증기기관은 육로와 해상에서 원거리 수송을 가능하게 했고 농업을 변화시키기 시작했다. 그 무렵 증기기관은 티베트, 네팔, 열대 아프리카 깊숙한 곳을 제외한 지구상 거의 모든 곳에 침투했다.

▌섬유, 철도, 해운, 철강의 혁명

산업혁명 시기의 발명품들은 즉각 국경을 넘었고, 생각할 수 있는 모든 수공업과 산업들에 적용되었다. 산업혁명은 먼저 면직물공업 분야에서 시작되었다. 17세기 영국 동인도회사가 수입한 인도산 면직물은 영국에서 생산하는 모직물보다 값싸고 실용적이었기 때문에 수요가 점점 늘었다. 면사는 양모보다 품질이 일정해서 기계화가 쉬웠을 뿐만 아니라 영국의 식민지 인도와 북아메리카에서 면화를 쉽게 확보할 수 있었다.

직물 생산은 원료에서 실을 뽑는 방적 공정과 실로 천을 짜는 방직 공정으로 나뉘는데, 한쪽의 기계화가 다른 쪽의 기계화를 촉진해 직물생산 전체 공정이 기계화되었다. 1733년 존 케이(John Kay, 1704~1764)가 발명한 플라잉 셔틀(flying shuttle)이 1760년대의 면직물 공업에 응용되면서 직물생산이 크게 증가하자 면사의 수요도 점차 늘었고, 면사의 수요가 늘자 잇달아 새로운 방적기가 발명되었다. 제임스 하그리브스(James Hargreaves, 1720~1778), 리처드 아크라이트(Sir Richard Arkwright, 1732~1792), 사무엘 크럼프턴(Samuel Crompton, 1753~1827) 등에 의해 방적기가 나날이 개량되었으며, 1785년 에드먼드 카트라이트(Edmund Cartwright, 1743~1823)는 동력으로 움직이는 역직기(力織機)의 특허를 얻었다.

카트라이트의 방적기는 수차(水車)로 작동했기 때문에 수력방적기라고도 불렸다. 그의 방적기는 공정을 연속적으로 배치해 숙련공이 없이도 가능했다. 또한 아크라이트의 업적은 방적기의 발명도 중요하지만 동력기계의 이용과 생산방식에 공장체계를 도입한 것이 더 큰 업적으로 평가된다. 그 후 면의류 제조는 잉글랜드 북부에서 주요 산업으로 정착되었다. 한편 미국의 엘리 휘트니(Eli Whitney, 1765~1825)는 1793년 면화에서 씨를 빼내는 조면기(繰綿機)를 발명해 미국 남부의 면화 재배가 급속도로 확산되는 데 기여했다.

모차르트는 1790년 자동 오르간을 위한 곡을 작곡했는데, 그런 자동 음악기계를 최초로 만든 사람은 바로 프랑스가 산업혁명의 원조로 내세우는 자크 드 보캉송(Jacques de Vaucanson, 1709~1782)이다. 보캉송의 이름이 알려진 계기는 1738년 최초의 자동인형 '플루트 연주자'였다. 태엽에 감아 작동하는 이 인형은 기계적으로 작동하는 손가락과 입술의 들숨과 날숨을 이용하며 12곡을 연주했다. 노동자의 1주일분 임금에 해당되는 3리브르의 관람료를 받고 인형극을 선보인 그는 돈방석에 앉았다. 이듬해 두 가지 신제품 '북치는 사람'과 '기계 오리'를 선보였다. 기계 오리는 루이 15세의 궁정에서 시연돼 국왕과 귀족들의 탄성을 자아냈다. 루이 15세에게 인정받은 보캉송은 1741년 국영 비단공장의 감독관이 되었다. 자동화의 대상을 인형에서 공장으로 바꾼 그는 1745년 새로운 직조기를 발명하고 공정을 자동화시켰다. 보캉송의 자동 직조기는 아크라이트의 수력방적기가 등장하기 24년 전에 먼저 개발되었는데, 이것은 프랑스가 영국보다 먼저 산업혁명을 시작했다는 주장의 근거이기도 하다.

그러나 보캉송의 자동 직조기가 확산될 경우 일자리를 잃을 것이라 생각한 수공업 기술자들이 보캉송의 직조기를 불태웠고 앞으로 새로운 기계를 발명하면 살해하겠다고 위협했다. 그 결과 보캉송은 직조기 생산을 중단하고 자동인형 제작에만 몰두했다. 그가 만든 자동기계들(automatons)은 프랑스 대혁명 당시 거의 파괴되었다. 프랑스의 발명가 요셉-마리 자카르(Joseph-Marie Jacquard, 1752~1834)는 1804년 유명한 자카르 직기를 최초로 섬유공장에 도입했는데, 사실은 몇 년 전 불타버린 보캉송의 기계설비를 가져와 재조립한 것이라는 주장도 있다.

1829년 조지 스티븐슨(George Stephenson, 1781~1848)은 철도를 발명했다. 1830년 세계 최초로 영국의 리버풀과 맨체스터 사이에 철도가 놓였고 13톤 무게의 로켓호가 시속 12마일로 달렸다. 최고 시속은 30마일이었고, 왕복 50마일을 별 무리 없이 달렸다. 그것은 영국의 경제, 사회, 정치를 완전히 바꾸어놓았다. 하지만 철도의 발명이 왜 그렇게 늦었는지 그 이유를 알 수가 없다. 탄광에서 수레를 옮기기 위해 철로를 사용한 것은 훨씬 전의 일이었다. 그 당시 석탄을 실은 수레를 사람이나 말이 끄는 것보다 수레에 증기기관을 달아서 움직이는 것이 편리하다는 사실은 너무도 분명하지 않은가? 증기기관은 이미 50년 전인 1780년대부터 상용화되고 있었는데 말이다.

게다가 철도는 광산에 설치된 철로와 수레에서 발전한 것이 아니었다. 철도는 아주 독자적으로 개발되었다. 화물운반을 위해 고안된 것도 아니었고, 상당기간 승객수송 수단으로만 여겨졌다. 화물운반에 철도를 사용하기 시작한 것은 30년이 지난 뒤 미국에서였다. 철도가 등장한 후 5년 동안 서구 세계는 역사상 가장 큰 호황을 누리게 되었는데, 바로 철도건설 붐 때문이었다.

1830년대부터 시작된 유럽의 철도 붐은 경제 역사상 가장 끔찍했던 불황이 닥치는 1850년대 후반까지 30년 동안 계속되었다. 1860년대에는 오늘날의 주요 철도망 대부분이 건설됐다. 독일의 사회학자 베르너 좀바르트(Werner Sombart, 1863~1941)는 "철도산업은 군대와 비슷해서, 상사가 말하는 동안 꼼짝 않고 똑바로 서 있어야 하는 남자 75만 명을 먹여살린다."고 했다. 밤새 유럽대륙을 횡단하는 침대열차는 유럽 국가들 사이에 인터내셔널리즘을 확산시킨 한편 민족주의 정신도 고취시켰다. 유럽의 철도산업은 곧 국가의 긍지였으며 국가간의 자존심 경쟁 대상이 되었다.

철도는 산업혁명을 일으킨 진정한 혁명 요소였다. 그 이유는 철도가 새로운 경제의 장을 열었을 뿐만 아니라 사람들의 '심리적 지리(mental geography)'를 급속히 단축시켰기 때문이다. 철도 덕분에 인류 역사상 처음으로 사람들은 제대로 된 이동수단을 갖게 되었다. 또한 처음으로 왕족이나 귀족 또는 무역상인이 아닌 일반인들의 시야를 세계로까지 확대시켰다. 이로 인해 그 당시 사람들의 심리에 근본적인 변화가 일어났음을 즉각 깨달았다. 브로델은 《프랑스의 정체성(The Identity of France)》(1986)에서 다음과 같이 지적했다. "프랑스를 하나의 국가 그리고 하나의 문화로 만든 것은 철도였다. 철도가 등장하기 이전까지 프랑스는 서로 고립된 지역의 집합으로서, 오직 정치적으로만 통합되어 있었다."

철도는 산업혁명을 기정사실화했다. 처음에는 '혁명'이었던 것이 '일상생활'이 된 것이다. 산업혁명이 일으킨 호황은 거의 100년 동안이나 지속됐다.

수천 명의 소액 투자자들이 철도산업에 투자할 수 있게 된 것은 주식회사 제도의 발전 때문이었다. 유한책임제도의 도입으로 인해 투자자들이 어떤 기업에 투자한 돈 이상으로 손해 보는 것을 막아주었고, 경영자를 자본가로부터 적절히 분리해 주었다. 그것은 경영자에게 좀 더 큰 권한을 안겨주었다. 영국에서는 1855년 법률로써 유한책임을 규정하기 시작했고, 그런 종류의 회사들의 이름 끝에는 유한책임회사라는 의미로 'Limited'라는 말을 꼭 넣도록 했다. 많은 회사들이 파산했기 때문에 이 제도가 등장하자마자 곧 효과를 본 것은 아니었으나 합작회사는 훨씬 안전한 투자처가 되었으며 전문경영인의 역할은 한층 더 커졌다.

해운의 역사는 기원전 3000년경까지 거슬러 올라가지만, 근대 해운업은 바람의 힘으로 움직이는 범선 대신 증기선이 출현한 19세기부터다. 1765년 제임스 와트가 증기기관을 발명했지만, 초기의 증기기관 출력으로는 선박용으로 거의 이용되지 못하다가 1802년 최초로 실질적인 증기선이 제작되었다. 스코틀랜드의 운하 관리자였던 토머스 던다스(Thomas Dundas, 1741~1820)가 주문하여 만든 목조선 '샬롯 던다스' 호는 몇 주 동안 승객과 견학자들을 태웠다. 그 가운데 미국의 청년 발명가 로버트 풀턴(Robert Fulton, 1765~1815)이 있었다. 풀턴은 미국으로 돌아가 자본가들의 투자를 받아 1808년 와트의 개량엔진을 탑재할 수 있는 선박 '클러먼트' 호를 제작하여 처녀항해에서 평균 4노트의 속력으로 허드슨강을 390킬로나 항해했다. 이것을 계기로 강에서의 증기선 운항시대가 개막되었다.

그러나 초기의 증기선들은 범선의 경쟁 대상이 될 수 없었다. 그 이유 중 하나는 선주들의 부정적인 태도였다. 바람은 아무리 이용해도 공짜인데 무엇 때문에 추진력을 얻기 위해 비용을 지출해야 하는가, 무엇 때문에 화물을 적재할 수 있는 공간에 대형엔진을 탑재하여 선박의 운송능력을 저하시키는가? 사실 당시의 단일 실린더 엔진은 대형인 데다가 연료소모도 많았다. 근해에서는 문제가 안 되었으나 운항시간이 많이 걸리는 먼 바다를 항해하기 위해서는 다량의 석탄을 적재해야 했으므로 승객과 화물을 실을 공간이 그만큼 좁아졌고 채산성도 맞지 않았다. 그러나 증기선은 당연히 정부의 지원대상 산업이어서 각국은 증기선의 개발과 실험운항을 위해 거액의 보조금을 지급받았다.

1835년경까지 증기선이 대서양을 횡단하는 것은 요즈음 우주선으로 화성에 가는 것만큼이나 어려운 일로 생각되었다. 따라서 1838년 1,340톤의 그레이트 웨스턴 호를 필두로 4척의 영국 증기선이 대서양 횡단에 성공하자 세계는 열광했다. 그레이트 웨스턴 호는 브리스톨을 출항한 지 15일 만에 뉴욕에 도착했고, 돌아올 때에는 하루를 더 단축시켰다. 그때까지 가장 빠른 범선은 평균 23일, 되돌아올 때는 풍향과 조류 때문에 43일 소요되었던 것과 비교할 때 획기적인 사건이었다.

강철은 바늘에서부터 우주선에 이르기까지 많은 것을 제조하는 데 쓰일 뿐만 아니라, 건축물의 하부구조 제조와 철도, 선박, 기계, 자동차 등 각종산업의 기초 소재로서 가장 널리 사용되어왔다. 철도가 발달하자 철강산업의 발달을 촉진했고, 거꾸로 철강산업의 발달은 철강을 대규모로 소비하는 철도를 발달시켰다.

1784년 영국의 제철기술 장인 헨리 코트(Henry Cort, 1740~1800)가 선철을 연하게 하는 교련법(Puddle Process)을 발명했고, 독일 크루프 철강의 알프레트 크루프(Alfred Krupp, 1812~1887)는 1851년 런던에서 개최된 최초의 세계박람회에서 당시 최대 규모인 1,950킬로그램에 달하는 주괴(鑄塊)를 선보여 사람들을 놀라게 했다. 1856년 영국의 헨리 베세머(Henry Bessemer, 1813~1898)는 용해된 선철에서 강철을 대량생산할 수 있는 전로(轉爐, converter)를 개발했다. 1850년 지멘스

형제(Wilhelm Siemens, 1823~1883, Friedrich Siemens, 1826~1904)는 평로제강법(OHF, open-hearth furnace)을 발명했다. 1864년 프랑스인 피에르 마르탱(Pierre Martin, 1824~1915)은 이를 더욱 발전시켜 지멘스-마르탱법(Siemens-Martin)을 개발했다. 이로써 1,600도 이상의 고온에서 정련된 강을 대량으로 제조할 수 있는 근대적 제련법의 기반이 19세기 후반에 확립되었다.

▌ 자본가와 은행가와 기업가

반복해서 말하지만, 현대 자본주의가 경제활동 전반을 지배할 수 있었던 이유는 '지식의 의미와 기능의 변화'로서 기술이 장인의 기능 중심(craft-based)에서 체계적인 기술 중심(technology-based)으로 변했기 때문이었다. 새로운 기계와 기술은 생산의 집중화, 즉 공장의 등장을 의미했다. 대량생산을 위한 지식은 수천 또는 수만 개의 소규모 개인 작업장이나 시골마을의 가내수공업 공장에서는 적용될 수 없었다. 지식을 생산활동에 적용하기 위해서는 하나의 큰 지붕 아래 생산시설을 집중하는 대규모 공장이 필요했다. 또한 새로운 기술은 수력이든 증기력이든 대규모의 동력을 필요로 했는데 동력은 한 군데에 집중될 수밖에 없었다. 즉 '공장'이 필요했다.

산업혁명 초기의 기술변화는 장인들이 도저히 감당할 수 없는 많은 자본을 필요로 했다. 그 전까지 개인 자본들, 즉 상업으로 부를 축적한 상인들은 늘 사회의 '조역'에 머물렀었다. 1750년까지 대규모 사업은 개인에 의한 것이 아니라 정부에 의한 것이었다. 구대륙의 제조업체 가운데 최초 최대의 제조업체는 베네치아 정부가 소유한 군수공장이었다. 18세기의 제조공장들, 예를 들면 드레스덴의 마이센(Meissen)과 프랑스의 세브르(Sevres) 도자기 공장은 여전히 정부의 소유였다.

생산방식이 수공업 장인 중심에서 기계 중심으로 변하게 되자 기계의 구입과 공장의 건설에 필요한 자본을 가진 개인 자본가들이 순식간에 경제와 사회의 주역으로 등장하게 되었다. 그리고 산업혁명의 결과 증가한 이윤은 당연히 자본가들의 몫으로 돌아갔다. 1830년경 서양에는 대규모 개인 자본가 기업이 나타나기 시작했다.

대규모 개인 자본가의 등장과 더불어 영국에서는 금융업이 발전하기 시작했다. 1762년 프랜시스 베어링(Francis Baring, 1740~1810)이 런던에서 시작한 상업은행인 베어링은행(Barings Bank)은 1792년 영국이 프랑스와 전쟁을 할 때 전비를 조달하는 창구역할을 했으며, 1802년 미국이 프랑스로부터 루이지애나 주를 매입할 때 자금을 대출해 주었다. 또한 1865년 남북전쟁 종전 때까지 미국의 해외 무역자금 조달과 채권 매각의 유일한 창구였다. 베어링은행은 로스차일드가가 대두하기까지 런던 금융계를 지배했으며, 이후 양가는 세력을 다투었다.

런던이 국제금융의 중심가가 된 데에는 네이션 로스차일드의 힘이 컸다. 나폴레옹 전쟁 이후 로스차일드는 유럽 국가들과 남미의 신흥 독립국가들에게 채권발행 방식으로 자금을 제공하는 자본시장을 창설했는데, 그 채권은 런던에서 인수되어 런던에서 발매되고 런던증권거래소에서만 거래되었다. 그리고 로스차일드는 영국정부에 400만 파운드를 대부해 주어 영국이 수에즈운하회사의 대주주가 되도록 했다.

금융 분야에서 최고로 영향을 끼친 기업가적 혁신은 프랑스의 사회 철학자 생 시몬(Claude Henri Comte de Saint-Simon, 1760~1825)의 이론적 가설을 토대로 만든 은행이다. 생 시몬은 장 바티스트 세이의 기업가 개념을 토대로 자본의 창조적 역할이라는 철학적 체계를 개발했다.

1800년경 프랑스의 경제학자 J. B. 세이는 "기업가는 경제적 자원을 생산성과 수익성이 낮은 곳에서 높은 곳으로 이동시킨다."라고 말했다. 이것은 기존의 것과 다른 방식으로 일하고 새로운 사업에 관한 말이다. 지금까지 설명한 증기기관, 섬유산업, 철도와 해운과 철강, 금융 분야의 창업자들은 말할 것 없고, 듀폰화학을 창업한 프랑스 중농주의 경제학자 피에르 사뮈엘 듀폰 드 느무르(Pierre Samuel du Pont de Nemours, 1739~1817)의 아들들, 해운업과 철도사업의 코넬리우스 밴더빌트(Cornelius Vanderbilt, 1794~1877), 자동차가 등장하기 전 등유(kerosene)에서 시작한 석유업의 존 록펠러(John Davidson Rockefeller, 1839~1937) 등은 기업가 정신을 발휘한 대표적인 기업인들이었다. 그들은 고객이 바라는 '가치'가 무엇인가를 질문하고는 자원의 생산성을 급격하게 향상시켰고 새로운 시장과 고객을 창출했다. 이것이 바로 기업가 정신이다.

기업가 정신이 경제적 영리조직에서만 발휘되는 것은 결코 아니다. 예컨대 병원의 발달사를 토대로 '기업가 정신의 역사'에 관한 사례집을 만들 수도 있을 것이다. 18세기말 에딘버러와 비엔나에서 최초로 현대적 병원이 설립된 것을 시작으로, 19세기 미국에서 여러 형태의

'지역병원'이 등장했다.

▌기계숭배와 기계파괴와 에너지 노예

인간은 오래 전부터 자기를 위해 다른 누군가에게 일을 시켰다. 처음
에는 노예와 농노에게 숙식을 제공하고 거의 공짜로 일을 시켰다. 노
예제와 농노제가 폐지된 후에는 머슴과 하인과 가정부에게 일을 시키
고 주인은 여가를 즐겼다. 노예는 상당히 오랫동안 주요 노동력이었
다. 프랑스가 1848년 노예제를 폐지한 뒤부터 포르투갈은 1858년, 네
덜란드는 1863년, 러시아의 차르 알렉산드로 2세(Alexander Ⅱ,
1818~1881)는 1863년 농노를 해방했다. 노예해방의 기치를 내걸고 미
국이 남북전쟁을 치른 것은 1861~1865년이었다. 차츰 머슴과 하인
과 가정부도 고비용이 되자 좀 더 적은 비용으로 일을 해줄 수단이
필요했다. 그것이 과학을 이용하여 기계를 만들게 된 계기가 되었다.

인간의 팔 근육은 보잘것없다. 어른이라도 100와트짜리 전등 하나
켤 정도의 동력밖에 내지 못한다. 오늘날 우리가 사용하는 에어컨은
옛날 파라오가 부렸던 노예들의 힘으로 계산하면 대략 20명이 필요
하다고 한다. 그러니까 에어컨을 장착한 집 주인은 노예 20명의 에너
지를 사용하고 있는 것과 같다. 1906년 W. H. 캐리어(Willis Haviland
Carrier, 1876~1950)는 서늘해진 공기가 포화점에 이르면 액화에 의해
습기를 잃는다는 원리에 근거하여 공기조절 설비를 만들었다. 리콴
유(李光耀) 싱가포르 전 수상은 동남아 사람들에게 에어컨의 역할은
인류에게 불의 역할과 같다고 했다.

인류의 역사는 노동시간 단축의 역사다. 작업장에서 우리는 매일 맡은 일을 더 빨리 더 쉽게 수행하기 위해 노력한다. 1938년 체스터 칼슨(Chester Carlson, 1906~1968)이 최초로 전기사진(electrophotography)이라는 이름으로 복사기를 만들고 특허를 획득했다. 1959년 제록스 914 모델이 출시되자 《포춘(fortune)》지는 "미국에서 시판된 제품 중 가장 성공적인 상품"이라고 극찬했다. 코팅되지 않은 일반 백지를 사용하여 사진을 복사하는 인쇄법은 그 이전부터 이미 알려진 방식이었으나 상업적으로 성공한 것은 이것이 최초였다.

산업사회의 초기에는 기업가, 지식인, 혁명가 모두 기계의 매력에 사로잡혀 있었다. 기계는 인간의 노동을 대체하여 노동의 효율성을 높인다. 예컨대 수레바퀴, 수레, 철도, 범선, 증기선, 자동차 등은 인간의 발을 대체한 것이다. 수력, 증기력, 증기기관, 발전기 등은 인간의 근육을 대체한 것이다. 불도저는 인간의 팔을 대체한 것이며 컴퓨터는 인간의 머리를 대체한 것이다.

산업사회 초기에 사람들은 증기기관, 시계, 직조기, 펌프, 피스톤 등에 정신을 빼앗겼다. 아이작 뉴턴은 천체를 관측한 결과 우주 전체가 거대한 시계처럼 정확하고 규칙적으로 운행하고 있다는 것을 발견했다. 앨빈 토플러 식으로 표현하여 제2물결 문명은 인과(因果)의 수수께끼에 대한 대답을 뉴턴의 만유인력의 법칙에서 찾았다.

프랑스의 의사이며 철학자이기도 했던 라 메트리(La Mettrie, 1709~1751)는 1748년 《인간기계론(L'homme Mschine)》을 발표하여 인간 자체가 하나의 기계라고 단언했다. 애덤 스미스는 기계론적인 견해를 경제 분야에 적용했다. 애덤 스미스는 경제도 하나의 체계며 그 체계는 많은 면에서 기계와 비슷하다고 했다. 미국 헌법 자체가 거대한 시계처럼 각종 부품의 견제와 균형으로써 성립되어 있었다. 미국의 제4대 대통령 제임스 매디슨(James Madison, 1751~1836)은 미국 헌법을 둘러싼 논의를 설명할 때 "시스템(system)을 다시 설계할 필요가 있다", "정치권력의 구조(structure)를 바꾼다", "몇 번이고 여과장치(filtering)를 통해서 관료를 선발해야 한다"는 등 정치적 표현에 기계공들이 사용하는 용어를 썼다.

한편 기계에 대한 반발도 컸다. 중세가 막을 내릴 즈음에는 수공업자조합인 길드가 반(反)자동화 운동에 나섰다. 산업혁명 이후에도 줄곧 인간과 기계 사이의 괴리에 대한 우려의 목소리가 있었다. 가정과 기업 사이에, 기업의 기능과 기업의 구조 사이에, 분화냐 통합이냐 사이에 매번 반발이 있었다.

1811년, 기계의 도입으로 일자리를 잃은 영국의 노동자들이 정체불명의 지도자 러드(Ned Ludd)의 주도 아래 집단을 조직하여 스스로를 '러다이트(Luddites)'라고 부르면서 영국 각지에서 기계장치를 파괴하고 돌아다녔다. 소위 러다이트 운동(Luddite Movement, 1811~1817)이 일어난 것이다. 당시 나폴레옹 전쟁의 영향으로 실업자가 증가했고, 임금은 체불되었으며 물가는 급등했다. 기계에 의한 대량생산과 저가 생산이 수공업 숙련노동자의 임금을 깎아내렸다. 수공업 노동자들은 실업과 생활고의 원인을 기계의 탓으로 돌리고 기계파괴운동을 일으킨 것이다. 러다이트 운동은 처음에는 노팅엄의 직물공장에서 시작하여 랭카셔, 체셔, 요크셔 등 영국 북부의 여러 도시로 번져갔다. 사실 그들이 실업과 기아에 허덕이게 된 원인은 '말 못하는 기계'가 아니라 기계를 소유하고 있는 자본가의 탐욕스러운 욕심 때문이었다.

기술과 자본주의 양쪽에 대한 저항은 있었지만 국지적이었고 몇 주일 또는 잘해야 몇 달밖에 지속되지 않았으며, 자본주의의 보급속도와 범위를 지체시키지는 못했다. 산업혁명이라는 이름의 기계와 공장시스템은 빠른 속도로 큰 저항 없이 보급되었다. 1838년 토머스 칼라일(Thomas Carlyle, 1795~1881)은 "우리 시대는 어느 면으로 보나 기계의 시대(Age of Machinery)이다."라고 비통해 했다.

기술발전에 대항한 대중의 반응을 생각해 보자. 1848년경 노동자들의 요구 중 하나는 기계사용의 중지였다. 이것은 쉽게 이해될 수 있다. 그들의 삶의 질은 향상되지 않았고, 사람들은 여전히 기술의 갑작스러운 개입으로 인한 삶의 불균형으로 고통을 받았으며, 농부와 노동자들은 승리를 공유하지 못한 채 기술발전에 따른 모든 고통을 짊어져야 했다. 이러한 이유 때문에 기술에 대한 반동이 있었고 사회는 분리되었다. 그러나 19세기 중반에는 상황이 바뀌었다. 마르크스는 노동자들의 관점에서 기술을 재구성했고 기술이 노동자들을 해방할 것이라고 설파했다. 기술을 이용하는 사람들은 노동자들을 노예화했으나 그것은 기계 자체의 잘못이 아니라 주인의 잘못이라는 것이다. 이렇게 부르짖은 사람은 마르크스가 처음은 아니었겠지만 대중에게 그것을 확신시킨 최초의 사람은 마르크스였다.

미국의 기술과학 사학자 루이스 멈포드(Lewis Mumford, 1895~1990)는 휴머니티는 본질적으로 기계의 사용에 있는 것이 아니라 언어의 사용에 있다고 주장하며 이렇게 말했다. "기계는 반사회적인 것이다.

기계는 그 자신의 진보적인 성향으로 인해 인간착취의 가장 신랄한 형태로 진행한다." 기계는 그 용도에 맞지 않는 사회적 환경 속에 자리 잡았고, 바로 그런 이유 때문에 우리가 살고 있는 사회를 비인간적인 사회로 만들었으며, 자본주의는 19세기의 극심한 무질서의 한 측면에 불과하다고 결론 내렸다.

20세기 들어서는 새로운 기술과 대량생산이 한층 더 전문화되었다. 그러는 동안 분석가들은 기계가 인간과 사회를 소외시키고 인간정신을 압도해 버릴 것이라고 경고했다. 1950년 수학자 노버트 위너(Norbert Wiener, 1894~1964)는 사이버네틱스(cybernetics), 즉 인공지능을 발명했는데 이 새로운 계산기의 위험성을 다음과 같이 경고했다. "인간의 목적, 그리고 왜 우리가 사람을 통제하려는지, 그 이유를 알지 못하면 인간은 기계를 통제할 수 없을 것이다."

▌산업사회의 공동체를 찾아서

산업혁명 시대에 애덤 스미스가 경제 이론가였다면 로버트 오언(Robert Owen, 1771~1858)은 경영의 실천가였다. 20세 무렵 시작한 첫 사업에 실패한 오언은 운 좋게도 종업원이 500명인 어느 공장의 책임자가 되었다. 얼마 후 오언은 스코틀랜드의 뉴라나크(New Lanark)라는 작은 마을의 설비가 좋은 섬유공장을 발견해 동업자 겸 경영자가 되었다. 뉴라나크의 공장은 그 시대의 모든 공장의 축소판이었다. 당시 공장들에서는 아동 노동, 장시간 근무, 열악한 작업환경, 부도덕과 각종 범죄 등이 일반적이었다. 사실 아크라이트 등이 발명한 방적기계가 어린이들도 조작할 정도여서 아동 노동이 생겨나게 되었고 그 아이들은 에딘버러나 글래스고의 고아원에서 데려온 아이들이었다. 뉴라나크 마을의 2,000명 노동자들 중 500명이 아이들이었다. 오언은 이것은 옳지 않다고 판단하여 아이들에게 교육을 시켰다. 물론 당시는 법률적으로 의무교육이 없었다.

의무교육제도는 오언이 죽을 무렵인 1850년대 말까지 거의 존재하지 않았다. 빅토르 위고는 《레미제라블》(1862)을 통해 "아는 것이 없어서, 다시 말해 배운 것이 없어서 빵을 훔칠 수밖에 없다면, 그것은 교육을 시키지 않은 사회의 책임이다."라고 강조했다. 1819년 프러시아에서 근대학교제도가 시작되었고, 이 근대학교제도는 1852년 미국의 선구적인 교육자 호레이스 만(Horace Mann, 1796~1859)과 많은 시민들의 요청으로 매사추세츠 주에 도입되었다. 이후 의무교육을 법적으로 명시하고 이를 본격 실시한 나라는 영국(1860년), 프랑스(1872년), 일본(1882년), 한국(1946) 등이 뒤를 따랐다. 의무교육제도가 확산된 것은 위고의 소설 덕분이었다.

한걸음 더 나아가 오언은 모든 노동자에게 더 나은 주택, 음식, 의복을 제공하고 보건기금을 마련했다. 그는 노동자를 다루는 솜씨가 좋았기 때문에 술주정, 절도, 문란한 성생활을 중단시켰다. 오언은 이러한 조치를 16년간 꾸준히 계속하여 뉴라나크 마을을 완전히 바꾸어놓았다.

사회주의 운동의 전신으로는 두 가지 형태가 있다. 하나는 오늘날 논의되고 있는 것과 같이 마르크스의 후예들이고, 다른 하나는 오언의 공동체주의에서 출발한 것이다. 1834년 이후 오언은 공장경영을 끝내고 자신의 사상을 전도하는 사회개혁가로 변신했는데, 자신의

성공경험에 비추어 사회와 인간이 설득에 의해 변화될 수 있다고 과
신했다. 랠프 월도 에머슨(Ralph Waldo Emerson, 1803~1882)이 노인
이 된 오언에게 다음과 같이 물었다.

"당신의 후계자는 누구입니까? 얼마나 많은 사람들이 당신의 사상
을 함께하고 있습니까? 당신이 죽은 뒤에는 누가 당신의 사상을 실천
에 옮길 겁니까?"

오언은 대답했다.

"아무도 없소."

▌기술의 보급 속도와 범위

1750년경 시작된 산업혁명 이후 250년간 이어진 기술의 확산 속도와
파급 범위는 역사상 전례가 없는 일이었다. 과거 역사에 나타나는 모
든 자본주의(과거의 자본주의와 과거의 산업혁명)는 사회의 한 요소로 존
재했다. 그러나 1750년경 일어난 산업혁명과 현대의 자본주의는 그
자체가 사회가 되어 '산업사회'를 만들었다. 1750년부터 1850년 사
이 역사적으로 보면 짧은 기간인 100년 동안 자본주의는 지구상의
일부 지역이 아닌 서북부 유럽 전체에 퍼져 나갔다. 그 후 50년 동안
에 걸쳐 우리 인류가 사는 구석구석까지 전파되었다.

과거의 모든 자본주의는 사회의 일부 계층에만 한정되었다. 귀족
들, 지주들, 군인들, 농부들, 전문직업인들, 장인들, 노동자들까지도
자본주의와 별로 관련이 없었다. 현대의 '자본주의'는 과거 역사의
자본주의와는 달리 그 체제가 퍼져나간 사회의 모든 집단에 스며들
었으며 또한 변화시켰다.

1750년경에 자본가들과 프롤레타리아들은 아직 극소수 집단이었다. 마르크스 식으로 표현하면 프롤레타리아란 사실상 공장 노동자들인데, 당시에 공장이란 거의 없었다. 100년 뒤인 1850년경 자본가들과 프롤레타리아들은 서유럽에서 사회적 힘을 가진 계급이었으며, 서로 적대적이었다. 자본주의와 현대기술이 스며든 곳이면 어디든 이 두 계급은 지배적 계층으로 등장했다.

　일본에서의 전환은 1867년의 명치유신부터 1894년의 중일전쟁까지로서 30년도 채 걸리지 않았다. 중국의 상해나 홍콩, 인도의 캘커타나 봄베이 또는 제정 러시아에서도 그다지 오래 걸리지는 않았다. 미국의 역사학자 데이비드 랜드스(David S. Landes)가 《자유인 프로메테우스》(1969)에서 설명한 것과 같이, 자본주의와 산업혁명은 그 확산 속도와 파급 범위로 인해 세계 문명을 창조했던 것이다.

현대 자본주의와 마르크스 사회주의

▌산업혁명의 확산과 사회변화

산업혁명은 영국에 근대공업을 일으키고 기업가들로 하여금 그 이전의 농노의 노동이나 수공업으로는 상상할 수 없을 만큼 엄청난 부를 쌓을 수 있게 했다. 예컨대 1740년 영국의 철 생산량은 겨우 1만 7,000톤이었으나 1834년에는 거의 70만 톤으로 늘어나 무려 41배에 육박했다. 면직물 가격은 18세기부터 시작하여 50년 사이에 90퍼센트나 떨어졌다. 면직물의 생산량은 같은 기간 동안 영국에서만 적어도 150배 증가했다. 산업혁명은 그 외에도 종이, 유리, 가죽, 벽돌 등 사실상 거의 모든 주요 상품의 생산과정을 기계화했다.

기계화의 영향은 소비재에만 국한하지 않았다. 1815년 나폴레옹 전쟁이 끝날 무렵에는 유럽 전역에서 총포의 제작공정에 증기기관이 이용됐다. 대포 제작의 속도가 전보다 10~20배까지 빨라졌고 원가는 3분의 2 이상 떨어졌다. 그 무렵 미국에서는 엘리 휘트니가 장총 생산을 같은 방법으로 기계화하고는 최초로 대량생산 산업을 창출했다.

18세기 말부터 유럽 대륙이 프랑스혁명과 나폴레옹 전쟁에 휘말려 있을 때 영국은 그 혼란에서 비껴 있었다. 영국은 1825년까지 기계수출 자체를 금지했기 때문에 영국은 말 그대로 '세계의 공장'이었다. 남들보다 앞서 출발했다는 사실을 알고 있는 영국인들은 기계와 숙련노동자, 제조기술 등의 유출을 금지한 것이다. 1850년 영국은 전 세계 공업생산의 28퍼센트를 차지했다. 강철의 70퍼센트, 면직물의 50퍼센트가 영국 제품이었다. 또 전 세계 상선의 3분의 1이 영국 소유였으며, 금융자본의 90퍼센트가 파운드화로 결제되었다.

1825년 영국이 기계수출 금지조치를 풀자 유럽 각국에는 영국이 수출한 증기기관, 목면, 공업용 기계 등으로 홍수를 이루었으며, 기계와 함께 기계설치 및 애프터서비스를 위한 전문기술자들도 덩달아 각국으로 흘러들어갔다. 영국의 기계수출은 계속 증가했고 기계제조업은 수출을 위한 공업 부문의 하나가 되었다. 영국은 세계의 공업, 금융, 해운업에서 독점적인 지위를 차지했으며 아울러 세계의 식민지 패권도 장악했다. 영국은 '세계의 공장'이었을 뿐 아니라 '세계의 시장'을 장악했다.

1830년까지 산업혁명은 대체로 영국에 국한되었으나 영국의 독점은 영원히 지속될 수 없었다. 특히 유럽 대륙의 사업가들이 영국의 새로운 기술정보를 자국에 도입하고자 하는 가운데, 일부 영국인들 또한 해외에서의 산업활동으로 이윤을 얻을 수 있음을 알았기 때문이다. 이런 식으로 영국에서 출발한 산업혁명은 차례로 각국에 전파되었다. 아시아 국가들은 유럽 대륙과 러시아에서 산업화가 진행되는 도중에 산업별로 시차를 두고 산업혁명이 진행되었다.

벨기에는 유럽 대륙에서 경제적으로 변신한 최초의 국가가 되었다. 영국에서처럼 벨기에의 산업혁명도 섬유산업, 석탄산업, 철강산업을 중심으로 전개되었다. 영국이 산업의 주도권을 확립하고 있는 동안 프랑스는 혁명의 소용돌이에 있었으며 불안한 정치상황으로 인해 산업혁신을 위한 대규모 투자가 위축되었다. 1848년경이 되어서야 프랑스는 주요 공업국이 되었다. 1852~1870년 사이 나폴레옹 3세(Napoleon Ⅲ, 1808~1873)가 통치한 제2제정기의 정책은 보수적이었고 사회적 안정 확보를 우선으로 했다. 이 기간 중 프랑스의 가장 주목할 업적은 경제성장과 외교정책이었다. 산업생산이 배로 늘고 대외무역은 3배로 증가했다. 그리고 1856년에 끝난 크리미아전쟁(Crimean War, 1853~1856)으로 프랑스와 영국의 협력이 부활했다. 1859년 이후 나폴레옹 3세는 일부 측근들의 반대를 무릅쓰고 프랑스제국의 자유화를 추진했다. 그러나 경제는 침체하고 거듭되는 대외정책의 실패로 체제 자체가 흔들렸다. 따라서 이 기간의 눈부신 성장에도 불구하고 여전히 영국에 뒤처져 있었다.

다른 유럽 국가들은 훨씬 더 뒤져 있었다. 이들 나라의 부르주아 계층은 영국과 벨기에 및 프랑스의 부르주아들이 가졌던 재산, 권력, 기업가 정신과 같은 요소들이 부족했다. 이들 나라의 정치적 상황 역시 산업의 팽창을 막고 있었던 것이다. 독일에서는 봉건적인 농업경영이 지속된 데다 국가통일도 늦었기 때문에 프랑스보다도 산업혁명의 물결이 늦게 찾아왔다. 하지만 1834년 프러시아를 중심으로 만들어진 독일 관세동맹으로 인해 정치적 통일보다 국내시장이 먼저 통합될 수 있었다. 미국은 남북전쟁 이후 산업화가 본격적으로 진행되었다. 동유럽 국가들은 20세기 초까지도 낙후된 상태에 있었다. 러시아는 러시아 황제의 전제적인 지배체제인 차리즘(Tsarizm)에 의해 근대화가 매우 지연되었는데, 1890년대 무렵 러불동맹(1891년) 이후 프랑스 자본이 유입되어 본격적인 산업화가 진행되었다. 이밖에 이탈리아, 오스트리아 등에서는 국가통일이 늦어져 19세기 후반에 가서야 산업혁명이 시작되었고, 속도도 매우 늦었다. 아시아에서는 일본이 1870년대에 경공업을 발전시키기 시작했다. 청일전쟁(1894~1895)

이후에는 군수산업을 중심으로 하는 중공업을 발전시켰고, 놀라운 속도로 산업혁명의 대열에 합류했다. 20세기 중반에는 한국, 인도, 중국 등 그때까지 비공업화 지대에 속했던 국가들에게까지 산업혁명이 확산되었다.

산업혁명은 경제혁명인 동시에 사회혁명이었다. 농업사회의 경우 영국사회는 귀족을 포함한 지주계급과 농민이라는 계급 외에 '산업 부르주아'와 '임노동자'라는 두 계급을 새로 탄생시켰다. 따라서 영국에는 전통적인 지배계급인 지주를 비롯하여 3개의 사회계급이 존재하게 되었다. 귀족으로서 상류계급인 지주와 중산계급인 부르주아는 둘 다 유산계급으로서 서로 이해관계가 잘 맞았다.

산업혁명은 17세기까지 총인구의 4분의 3을 차지하고 있던 농업인구를 감소시키고 도시주민의 비율을 높였다. 또한 산업혁명은 가족구조에도 변화를 초래했다. 가장 큰 문제는 일정한 시간 동안 집중적인 노동을 해야 하므로 가족 단위가 과거와는 달리 편성되어야 했다. 핵가족이 보편화되었고, 가족의 유대가 현저하게 약해지게 되었다. 산업혁명 이전 농업사회에서는 농업노동 자체가 일상생활과 축제 그리고 여가생활이 통합되어 있었다면 이제는 자본가에게 제공하는 근로시간과 비근로시간의 구분이 명확해진 것이다. 따라서 노동자로서는 당연히 노동시간의 단축을 요구하게 되었다.

산업혁명이 초래한 다른 주요 변화는 도시화였다. 산업혁명은 정치에도 변화를 초래했다. 1832년 부르주아의 정치 참여가 인정되어 제1차 선거법 개정이 이루어졌다. 1835년에는 도시자치법이 제정되어 도시행정의 근대화에 초석을 놓았다. 1846년에는 곡물에 대한 보호무역정책인 곡물법이 폐지되었다. 이것은 노동자들에게 높은 임금을 지급해야 했던 제조업자들이 지주들을 상대로 승리한 것을 의미했다.

생산수단의 소유형태에도 변화가 있었다. 19세기에는 소수 자본가들에 의해 자본이 독점적인 형태였으나 20세기에 들어서는 개인이나 보험회사와 같은 기관들이 기업들의 주식을 매입함으로써 생산수단의 소유권이 넓게 분산되었다. 유럽의 일부 국가들은 기간산업 부문들을 공영화했다. 예컨대 1887~1900년 동안 비엔나의 시장 칼 루에거(Karl Lueger, 1844~1910)는 비엔나의 전차회사, 전기회사, 가스회사를 몰수하여 시 소유로 했다. 사회주의의 확산을 막기 위해 노력했던 비스마르크(Otto von Bismarck, 1815~1898)처럼 루에거 시장도 사회주의자는 아니었으나 일반 시민 전체의 이익 증진을 우선으로 했다.

당시 공장노동자에게 제일 먼저 요구되는 것은 정해진 시간에 출근하는 일이었다. 특히 일관작업 노동자의 경우가 그랬다. 남자든 여자든, 기계나 책상 앞에서 기계적인 반복작업을 성실하게 수행할 수 있는 인내심을 길러야만 했다. 이런 이유로 19세기 중반 이후 여러 나라에서는 교육제도가 꾸준히 발달했다. "교육은 생명과 자유 다음으로 인류에게 주어진 축복"으로 여겨졌다. 취학연령은 계속 내려갔고 재학기간은 길어졌다. 의무교육기간도 당연히 연장되었다. 그 후 학교는 여러 세대에 걸쳐 젊은이를 규격화해서 전동기계와 일관작업에 어울리는 획일적인 노동자를 양성했다. 노동자를 위한 교육과 핵가족제도는 젊은이들이 산업사회에서 유능한 역할을 해내기 위한 사전 준비인 셈이었다.

▌ 자본주의 경제의 확립

자본주의 경제는 자기 소비를 위한 생산이 아니라 시장을 위한 생산 체제다. 상품생산, 화폐경제, 상업발전, 이윤추구, 자유경쟁, 사회적 분업 등이 주요 특징이다. 자본주의 아래서는 노동력 그 자체가 시장에서 매매되는 상품이다.

자본주의(capitalism, Kapitalismus)라는 말이 학술용어로 확립되는 데에는 다소 시간이 걸렸다. 1867년 마르크스는 자본주의 경제의 운동법칙을 탐구한 자신의 저서의 제목을 《자본론(Das Kapital)》이라 붙였다.

막스 베버(Max Weber, 1864~1920)는 1904~1905년 사이 《프로테스탄트 윤리와 자본주의 정신(The Protestant Ethic and the Spirit of Capitalism)》(1905)라는 제목으로 발표한 일련의 강의에서 '자본주의 정신'이라는 이념을 설정했다. 그것은 합리적이고 체계적으로 이윤을 추구하는 태도, 또는 합법적 이윤의 획득을 소명으로 삼고 이를 조직적으로 추구하는 태도다. 이런 태도는 자본주의적 기업을 발전시켰는데, 그런 식의 발전은 근대유럽에서만 나타났다고 보았다. 베버는 근대 이전의 이윤추구는 본질적으로 약탈적인 성격을 지녔고, 근대 자본주의와 전혀 다른 천민자본주의에 가깝다고 주장한다.

루돌프 힐퍼딩(Rudolf Hilferding, 1877~1941)은 1910년 독점자본에 주목하여 그 발전된 형태를 금융자본으로 규정하고는 《금융자본론(Das Finanzkapital)》(1910)을 발표했다. 1921년 베르너 좀바르트(Werner Sombart, 1863~1941)는 《현대 자본주의(Diemoderne Kapitalismus)》를 출판했다. 좀바르트는 자본주의는 계산 및 합리성이라는 부르주아 정신과 기업하려는 정신(모험정신)이 조합된 일종의 시대정신이라고 보았다. 부르주아 정신이란 화폐자본의 집적을 경제활동의 주된 동기로 생각하고, 냉정하고 합리적인 태도로 수량계산의 방법을 사용하는 데에 인생의 모든 것을 종속시키는 태도로서, 이 정신에 걸맞은 경제조직이 자본주의 경제다.

▌새로운 사회권력 '법인'의 등장

산업사회가 된 곳은 예외 없이 '핵가족, 대중교육, 거대기업'이라는 세 가지 특징이 나타났다. 사람들은 핵가족의 한 사람으로서 성장하고, 공장노동에 순응하게끔 집단으로 학교교육을 받고, 사기업이든 공기업이든 대기업에 들어가서 일하게 되었다.

산업혁명으로 등장한 개인 기업은 창업자가 사망하면 자동적으로 해산하는 것이 아니라 후손이나 전문경영자에 의해 계속 존속했다. 따라서 기업은 법인(法人), 즉 '죽지 않는 인간'으로 취급되어 최초의 투자자가 사망해도 회사는 다른 투자자에 의해 계속 운영할 수 있게 되었다. 이것은 기업의 입장에서 본다면 장기적인 투자계획을 세울 수 있다는 것을 의미했다. 일찍이 생각할 수 없었던 거대한 사업에도 손댈 수 있게 된 것이다.

19세기 중반 철도사업은 다른 어떤 기업보다도 규모가 컸다. 1850년경 미국에서 자본금 25만 달러 이상의 공장은 41개뿐이었다. 이에 비해 1860년 뉴욕센트럴철도회사의 자본금은 3,000만 달러였다. 이 정도의 대규모 기업을 운영하려면 새로운 경영기법이 필요했다. 따라서 초기의 철도경영자는 운임과 운행스케줄을 규격화하고, 수백

마일이나 되는 열차의 운행을 동시화하고, 새로운 업무를 부서별로 분업화했다. 자본과 노동력을 집중시켰고, 노선망을 확대했다. 그리고 이런 모든 것을 통합하기 위해 정보와 명령이 중앙집권화된 새로운 조직을 만들어야 했다.

1901년에는 US스틸이 세계 최초로 매출액 10억 달러 기업으로 등장했다. 산업사회 이전에는 상상도 할 수 없는 자본집중이었다. 20세기 초 미국 컬럼비아대학교 총장으로서 나중에 노벨평화상을 받은 철학자 니콜라스 버틀러(Nicholas M. Butler, 1862~1947)는 이런 주장을 했다. "주식회사야말로 근대사에 있어서 가장 뛰어난 걸작이다. 증기기관이나 전기마저도 주식회사의 지원이 없었더라면 태어나지 못했을 것이다." 이처럼 주식회사는 몇몇 사람이 힘을 합해 돈을 벌기 위해 만들어낸 조직이며, 그 몇몇 사람을 주주라고 부른다. 1844년 당시 영국의 상무장관이었던 윌리엄 글래드스턴(William E. Gladstone, 1809~1898) 총리가 합작회사법(Joint Stock Companies Act)을 통과시켰다. 회사설립은 복잡한 절차 없이 등록만 하면 되도록 했다. 그러나 논란의 대상이 되었던 주주들의 유한책임에 관해서는 명쾌한 내용을 담고 있지 않았다.

1856년 주식회사의 설립에 걸림돌이 되었던 장해물을 포함하여 유한책임법에서 열거하는 모든 까다로운 요소까지 완전히 제거함으로써 합작회사법에 새로운 이정표를 세운 사람은 로버트 로(Robert Lowe, 1811~1892)였다. 1862년 영국에서는 회사법(Companies Act)이 제정되었다. 로버트 로는 글래드스턴 총리의 제1차 내각(1868~1874)에서 재무장관과 내무장관을 지냈고, 하원의원 시절(1856~57)에는 주식회사 투자자들의 유한책임 원리를 정관에 명시하도록 했다. 누군가에게 '근대 기업의 아버지'라는 존칭을 붙인다면 로버트 로는 유력한 후보가 될 것이다.

기업은 생물학적인 수명이 없기 때문에 대를 이어가는 특권을 누릴 수 있게 되어 사회의 다른 구성원들, 특히 정부의 규제를 받는 경우도 많았다. 로버트 로는 자유시장의 장점을 인식했고, 기업을 정부의 통제로부터 풀어주어야 한다고 주장했다. 1856년 7월 19일《왜 지금 기업들이 필요한가?》라는 제목의 논평에서 다음과 같이 말했다. "1825년까지는 주식회사의 설립 자체가 법으로 금지되었고, 그 이후 지금까지는 하나의 특권으로 인정되었다. 이제 바른 길로 들어설 때가 됐다. 기업의 숫자가 많다는 것은 인정한다. 그러나 정부는 자본을 낭비하는 것을 막는다는 이유로 자유기업에 간섭하는 태도를 버려야 할 것이다."

그러나 1846년부터 1886년까지의 영국 역사를 집대성해 놓은 720쪽 분량의《뉴 옥스퍼드 히스토리 오브 잉글랜드(New Oxford History of England)》에도 인류의 위대한 발명품인 주식회사에 대해서는 아예 언급되지 않았다. 이런 와중에서 기업이 위력을 발휘하게 된 배경을 결코 생산성 향상의 결과라고만 말할 수는 없다. 사회가 발전하려면 사회의 발전을 촉진하는 제도가 중요하다. 당시로서는 획기적인 발상인 세 가지 제도가 근대기업 탄생의 모태가 되었다. 첫째는 자연인과 동일한 처지에서 사업을 영위할 수 있는 '법인격의 인정', 둘째는 기업에 투자한 사람들에게 '임의로 매매가 가능한 주권의 교부', 셋째는 투자자들의 책임한계를 투자금액 이내로 제한하는 '유한책임제도의 도입'이었다. 여기서 가장 큰 중요한 것은 기업도 인간에게 부여된 온갖 법적 지위를 똑같이 누릴 수 있도록 의인화됐다는 점이다.

▎산업혁명과 자본주의의 후유증이 낳은 '공황'

1780년 이후 산업혁명이 본격화되자 경기는 크게 상승했고 영국은 장기간 번영을 구가했다. 그러나 생산력의 증가로 넘쳐나는 상품들이 제대로 소비되지 않자 차츰 경기가 둔화되었고, 1825년 영국은 경기침체를 맞게 되었다. 몇 년의 회복기를 거쳐 1829년에는 철도혁명으로 인한 호황을 맞았다. 그러나 영국 이외의 나라들에서는 과잉생산의 문제는 없었다.

산업혁명의 확산으로 인해 19세기 중엽 이후 자본주의가 구대륙과 신대륙으로 확산되자 선진국 경제는 복잡성과 불안정성이 증대되었다. 먼저 상업활동의 위기를 초래하고 뒤이어 소비재 및 자본재 생산 부문에까지 파급되었다. 금융공황은 위기의 서막인 경우가 많았다. 1857년 미국에서 일시적인 공황이 발생한 이유는 철도회사들이 발행한 회사채의 부도, 그로 인한 철도주식의 폭락, 철도투자에 대한 은행자산의 동결 등의 사건들이 연달아 발생했기 때문이다. 그 결과, 미국의 많은 은행들이 문을 닫고 실업자가 급증했다.

1873년에는 세계적인 경제공황이 덮쳤다. 이때의 공황은 1857년 공황과는 달리 선진자본주의 국가들에서 동시에 발생했으며 그 후 1890년대 중반까지 장기불황이 이어졌다. 공황 직전에는 각국의 산업투자가 급증했고 임금도 상승했다. 그러나 곧이어 공황기에 접어들자 각국의 산업생산은 급속하게 감소하고 기업도산, 실업, 장기침체가 뒤를 이었다. 영국의 선철수출은 1871년 97만 9,000톤에서 1878년 43만 9,000톤으로 감소했고, 독일의 선철생산은 1873년 224만 1,000톤에서 1876년 184만 6,000톤으로 감소했다.

자본주의 경제는 이처럼 규칙적으로 반복되는 경제공황을 경험해 왔다. 공황의 특징은 주식시장 붕괴, 은행의 도산, 기업과 개인의 파산, 극심한 실업이 발생한다는 것이다. 프랑스의 통계학자 클레망 쥬글러(Clement Juglar, 1819~1905)는 영국, 프랑스, 미국 등 당시 선진국가들에서 주기적으로 나타나는 경기침체 현상을 연구한 결과 평균 6~10년에 걸쳐 일정한 주기로 경제가 호황-침체-회복이라는 3단계의 변동 국면을 연출한다는 사실을 1862년 발표했다. 과거에는 흔히 경제를 인체에 비유해 공황기는 경제적으로 질병을 앓는 것과 같은 것이라 생각하였으므로 성장과 번영만이 정상적인 건강상태라고 보았다. 그러나 클레망 쥬글러는 경기의 주기적 변동이 오히려 경제의 정상적인 모습이라는 주장을 내세운 것이다.

그 후 다른 많은 학자들이 이 문제를 연구했다. 특히 소련의 경제학자이자 통계학자 니콜라이 콘드라티예프(Nikolai Kondratiev, 1892~1938)는 19세기 물가행태와 관련된 각종 데이터를 바탕으로 분석한 결과, 18세기 말부터 1920년 사이 대략 50년을 주기로 하는 장기파동이 있었으며, 한 국가의 경제는 성장과 침체가 반복된다는 경기순환이론을 제시했다. 이를 콘드라티예프 파동이라고 한다. 슘페터(Joseph Schumpeter, 1883~1950)는 콘드라티예프 파동에 대해, 제1차 파동은 산업혁명의 약진기로서 이 시기에 새로운 기업들이 집단적으로 출현하여 이것들이 장기적으로 물가를 상승시킨 결과였고, 제2차 파동은 제철기술의 발달에 힘입어 철강산업의 부흥과 철도수송 체계의 변혁에서 찾았고, 제3차 파동은 오늘날 주력산업인 자동차산업, 전력 및 화학공업의 대두를 그 원인으로 분석했다.

▌경기순환에 도전한 기업가 정신

1873년의 공황은 그해 6월 증권시장의 붕괴와 9월의 뉴욕 금융공황으로 시작되었는데, 그때부터 시작하여 제1차 대전이 끝난 후인 1920년까지 50년간은 대표적인 콘드라티예프이 장기침체 기간이었다.

하지만 1873년의 공황은 국가마다 사정이 달랐다. 1873년 비엔나 증권시장의 치명적 붕괴로 인해 당시의 오스트리아 정권은 영원히 종말을 맞았고, 영국과 프랑스는 장기침체기를 맞았지만, 미국과 독일에서는 장기간의 산업침체는 일어나지 않았다. 영국과 프랑스는 그 기간 동안 새로 등장한 기술산업들, 즉 철강, 화학, 전기, 전화, 그리고 자동차 기술이 철도건설, 석탄채굴, 섬유산업과 같은 오래된 산업의 침체를 상쇄할 만큼 충분한 일자리를 창출할 수 없었기 때문에 장기간의 산업 침체기에 돌입해 있었다.

그 기간 동안 미국과 독일에서 실제로 일어난 현상은 콘드라티예프 주기와 일치하지 않으며 영국과 프랑스와는 패턴이 다르다는 사실을 1939년 조지프 슘페터(Joseph Schumpeter, 1883~1950)가 밝혀냈다. 미국과 독일도 불황의 초기에는 그 충격이 매우 컸다. 그러나 5년 후에는 불황으로부터 벗어났고, 다시 빠르게 성장을 했다. 산업기술이라는 측면에서 볼 때 미국과 독일은 영국이나 프랑스와 다를 바가 없었다. 그런데도 미국과 독일의 회복이 빨랐던 것(두 집단 사이의 서로 다른 경제현상)은 단 하나의 요인, 즉 기업가 정신을 발휘하는 기업가의 존재 유무였다.

▌ 사회에 의한 구원을 주장한 마르크스 사회주의

애덤 스미스의 고전경제학은 리스트(Georg Friedrich List, 1789~1846)를 비롯한 독일의 역사학파뿐만 아니라 마르크스의 사회주의 경제학에 의해서도 크게 비판을 받았다. 이때부터 경제학은 양분되었고 전 세계는 자본주의 대 공산주의로 나누어졌다.

서구 자본주의는 19세기 중반 최고의 전성기를 맞았으나 산업혁명의 성숙과 더불어 점차 산업사회의 자체 모순을 드러내게 되었다. 1760~1830년에 걸친 영국의 산업혁명과 이보다 30~50년 뒤진 프랑스, 독일, 미국의 산업혁명은 기계에 의한 대규모 공장시스템을 가능케 했다. 동시에 자본가와 노동자 계급의 대립이 표면화되었으며 빈부격차는 더 커졌다. 게다가 프랑스혁명의 영향을 받은 노동계급의 해방의식, 자본주의의 내재적 모순이 계속 드러나자 고전경제학은 이론적 개편이 불가피하게 되었다.

영국의 자본주의 경제학은 사회주의자들에 의해 철학, 역사, 사회 및 경제이론의 모든 면에 걸쳐 맹렬한 공격을 받게 되었는데, 마르크스에 이르러 그 절정에 이르렀다. 마르크스의 친구이자 후원자인 엥겔스(Friedrich. Engels, 1820~1895)는 영국 맨체스터에서 상당히 규모가 큰 방적공장을 직접 경영했다. 이를 통해 영국의 산업화 과정을 관찰하고 산업혁명이 초래한 변화, 특히 어두운 면을 확인한 엥겔스는 놀라움을 감추지 않고 "인류 역사상 유례를 찾아볼 수 없는 사건"
이라고 말했다.

"60년 전 또는 80년 전에는 모든 나라가 비슷했다. 작은 도시들, 소
규모의 단순 작업, 많은 농부들이 있었다. 이제는 350만 인구의 대도
시, 거대한 공장의 도시들, 기계로 생산하는 사업체, 밀집해서 살고
있는 도시민들, 한 도시의 3분의 2가 공장에서 일하면서 전혀 다른
계층으로 구성되어 있다. 과거와는 다른 도덕과 욕구를 안고 사는 전
혀 다른 나라다."

마르크스는 산업혁명 이후 발달하던 자본주의 사회는 "불가피한 내
재적 모순"이 발생하고, "프롤레타리아의 소외와 착취" 때문에 변증
법적 유물론의 원리에 따라 필연적으로 파멸되고, 결국은 사회주의를
거쳐 공산주의 사회로 옮겨지게 될 것이라고 생각했다. 요컨대 마르
크스는, 인간사회는 역사적으로 원시공산사회(正)→봉건사회(反)→
자본주의 사회(合)→사회주의 사회(反, 능력껏 생산하고, 능력껏 분배한
다)→공산주의 사회(合, 능력껏 생산하고, 필요에 따라 분배한다)라는 변
증법적 도식에 따라 발전한다고 예언했다. 그 과정에서 자본가들은
자본주의 제도를 고수하기 위해 온갖 수단을 동원할 것이므로 노동자
계급은 혁명으로 자본가 계급을 타도하여 프롤레타리아 계급이 지배
하는 "계급 없고 사유재산 없는 사회", 즉 300년 전에 토머스 모어가
말한 유토피아를 지상에 건설해야 한다고 주장했다.

마르크스는 "역사는 '가진 자'와 '못 가진 자' 사이의 오랜 투쟁"이
라고 생각했다. 기계의 보급으로 자본가 계급은 더욱 더 부유해지고
노동자 계급은 더욱 더 가난해진다고 주장했다. 궁극적으로 한 사람

이 세계의 모든 부를 소유하고 나머지 사람들은 모두 피고용인이 된다고까지 예언했다. 마르크스는 유럽의 마지막 혁명이 일어난 1848년 "세계의 노동자들이여, 단결하여 투쟁하자!"고 선동했다. 그러나 제1차 대전으로 마르크스의 예언은 헛되이 되었다. 세계의 노동자들은 노동자의 이익을 위해 뭉친 것이 아니라 상대 국가의 총을 든 노동자들을 상대로 총을 쏘았던 것이다.

'계급 없는 공산주의 사회'는 '하느님에 의한 구원'을 대체하는 사상으로서 지상에서 유토피아를 건설하겠다는 약속이었다. 우리는 지금 마르크스의 예언이 틀렸음을 알고 있으며, 실제로 정반대 현상이 일어났다. 그러나 그것은 1883년 마르크스가 사망하고 난 훨씬 뒤의 이야기이다.

▌ 복지제도와 노동운동

당시 많은 지식인들은 "자본주의는 점점 더 소수의 강력한 자본가들에게 소유권을 집중시키고 힘없는 프롤레타리아를 끝없이 착취한 결과, 드디어 힘에 부쳐 스스로 무너질 것이고, 몇 안 되는 남은 자본가들은 '잃을 것이란 쇠사슬밖에 없는' 프롤레타리아들로부터 타도될 것"이라는 마르크스의 예언에 경도되어 있었다.

19세기 영국의 위대한 보수당 정치인 벤저민 디즈레일리(Benjamin Disraeli, 1804~1881)는 자본주의 사회를 마르크스가 이해했던 것과 아주 흡사하게 보고 있었다. 그 결과 디즈레일리는 1875년 공중보건에 관한 복잡한 법을 성문화했고, 1874년 노동착취를 방지하기 위한 공장법과 노동자 단체의 법적 지위를 명확히 보장한 노동조합법도 제정했다. 디즈레일리의 맞수인 보수 정치가 비스마르크 역시 같은 생각을 갖고 있었는데, 그것이 1880년 이후 비스마르크로 하여금 사회보장법을 제정하도록 했고 궁극적으로 20세기 복지국가를 만들도록 촉진했던 것이다.

보수적 사회비평가이자 소설가인 헨리 제임스(Henry James, 1843~1916)는 미국의 부(富)와 유럽 귀족에 대한 연대기 작가이기도 했는데, 마르크스가 죽은 지 3년 후인 1886년에 발표한 대표적인 소설 《카사마시마 공주(The Princess Casamassima)》에서 계급투쟁과 계급투쟁이 초래할 공포를 중심 주제로 다루었다.

고대에서 근대에 이르기까지 개인이 다양한 삶의 문제에 직면했을 때 그에게 일차적으로 복지제공을 담당한 가장 중요한 주체는 가족과 친족이었고, 그 다음으로는 공동체 내의 친구, 이웃, 길드, 종교단체를 비롯한 각종 자선단체 등이 기능을 수행했다. 인류역사의 오랜 기간 동안 대중들은 위기에 처했을 때 자신을 중심으로 형성된 방어선을 따라 비공식의 자발적 복지제공 통로를 통해 생존을 영위해 왔다.

산업혁명으로 인해 촉발된 유례 없이 빠른 사회적 변화는 긴장과 갈등을 유발했지만 도시의 공장지대에서 유아사망률은 급속히 내려갔고, 수명은 길어졌고, 산업혁명이 진행되는 동안 유럽에서는 인구가 급속히 증가하게 되었다. 지금 제3세계에서 다시 그런 현상을 볼 수 있는데, 브라질과 페루의 농어민 사람들이 도시의 빈민가로 몰려들고 있는 것이다. 인도사람들은 "뭄바이에서 가장 가난한 거지라도 시골농부보다는 잘 먹는다."고 했다. 이처럼 산업화라는 것은 마르크스의 표현대로 '착취'가 아니라 인간욕구의 충족, 즉 물질적 충족수단의 개선을 의미하는 것이지만 변화의 속도가 너무 빠른 탓에 큰 충격을 초래했던 것이다.

사람들은 종종 자신들이 누리게 된 경제적 발전에 대해 반란을 일으켰다. 1811년 영국에서 일어난 기계파괴운동은 물론이고, 1846년 영국의 곡물법 폐지에 반대한 지주들의 데모, 1848년 독일 실레지엔 지역의 리넨공장 직공들의 데모에서 보듯이 경제적 발전에 대한 반대는 경제적 발전으로 가장 덕을 보았을 바로 그 계층의 사람들로부터 나왔다. 그 뒤를 조종하고 개인적인 권력을 도모하는 사람들이 있었던 것은 물론이다.

기계파괴 운동을 전후로 경제적 약자인 노동자들은 단결과 단체행동을 통해 자신들의 처지를 타개하려 했다. 영국에서는 18세기 중반에 노동자조합이 출현했다. 노동자가 직업별로 결합하는 과정은 목면산업의 숙련 노동자 사이에서 가장 먼저 시작되었고, 1770~1780년대에는 견직공과 편직물공들 사이에서 활발히 진행되었다. 18세기의 마지막 20년간에 초기형태의 노동조합이 잇달아 만들어졌다.

노동자의 단결에 두려움을 느낀 영국의 고용주들이 자신의 이익을 옹호하기 위해 1800년 영국의회를 통해 노동자의 조직활동을 엄격히 제한하는 단결금지법을 만들었다. 단결금지법은, 첫째, 조합 결성이나 가입 금지, 둘째, 사용자로 하여금 임금이나 근로조건들을 향상시키기 위한 작업 이탈 금지(파업금지), 셋째, 앞의 이유를 위해 작업을 그만두도록 작업자를 설득하거나 또는 그런 목적을 위해 어떤 회합에 참석하도록 설득하는 것 등을 범죄로 규정했다. 또 그런 목적의 증진을 위해 자금을 지원하는 것도 범죄에 해당되었다. 요컨대 19세기 초 영국에서는 파업과 노동조합 결성을 금지시켰다. 19세기 초 4반세기(1800~24)는 가장 혹독한 박해와 탄압의 시대였다.

그 후 영국에서는 19세기 중반에 많은 직능별 노조들이 설립되었는데, 1868년 각 직능 노조 대표들이 처음으로 노동조합회의(Trades Union Congress, TUC)를 구성하기 위해 소집되었다. 그 첫 모임의 목적은 정부 압력에 대처하고 또한 의회에서 노조의 영향력을 높이는 방법에 대해 서로 정보를 교환할 협의체를 구성하기 위해서였다. 그 이후 TUC라는 이니셜은 노조 대표들의 여차회의와 영국 노동조합들의 최고단체를 뜻하는 용어로 사용되어 왔다. TUC는 자신들의 노동조합 활동을 보호해줄 법적 안전장치를 추구했고, 임금이나 근로조건 등 노동자들의 사회적 법적 위치를 개선하기 위해 투쟁했으며, 그 과정에 노동자 대표위원회를 구성했다. 이 기구는 1906년 노동당(the Labour Party)으로 발전했다.

1906년 집권한 자유당 정부는 파업과 폐업 등 산업쟁의와 실업 및 빈곤 문제 등 심각한 사회문제에 직면하게 되자 개인 책임의 원칙에 입각한 종래의 빈민구제정책으로는 부족하다고 판단하고 국민 전체를 대상으로 한 사회복지 입법을 추진하게 되었다. 그 당시 재무상이었던 로이드 조지(Lloyd George, 1863~1945)는 의료보험제도에 관심을 가져 먼저 의료보험제도를 실시한 독일을 직접 방문한 바 있으며, 무역상이었던 윈스턴 처칠(Winston Churchill, 1874~1965)은 실업보험제도의 도입을 추진했다. 1911년 국민보험법(National Insurance Act)이 제정되어 보험료를 납부하는 기여방식에 의한 의료보험과 실업보험이 실시되었다. 이 법의 실시에 따라 영국 사회보장제도의 중점은 종래의 공적 부조로부터 사회보험으로 전환되었다. 연금제도는 1908년 노령연금법(The Old Age Pensions Act)이 제정되면서 국가재정에 의하여 70세 이상 저소득 노인에게 연금을 지급하는 공적 부조 방식으로 시행되었다. 보험료를 납부하는 기여방식에 의한 본격적인 연금제도는 1925년 미망인, 고아 및 노령연금법이 제정되면서 비로소 실시되었는데 독일, 스웨덴 등에 비하여 연금제도의 도입이 늦었다고 할 수 있다.

독일은 유럽 여러 나라 중 비교적 늦은 1871년에야 국가의 통일을 달성했고 산업화도 1870년대에 비로소 착수했으나 비교적 빠른 경제성장을 이룩하여 20세기 초반에는 유럽 제일의 경제대국으로 부상하게 된다. 그러나 1880년대에 들어와 산업화가 본격화되면서 분배 불공정의 문제가 제기되었고, 도시화에 따라 주택난과 물가고가 초래되어 근로자들의 조직화에 따라 노동운동이 점차 격화되었다. 또한 사회주의자들의 활동이 본격화되어 사회주의자들이 선거에 의하여 의회에까지 진출하게 되었다. 이러한 현상에 대하여 체제상의 위협을 느낀 재상 오토 비스마르크는 강경책과 회유책을 동시에 사용했다. 한편으로 1878년 사회주의 규제법(Sozialistengeserz)을 제정하여 사회주의 운동을 규제하면서, 다른 한편으로 사회주의 운동에 가담치 않는 노동자에게는 복지향상을 약속했다.

이와 같이 독일은 경제적 약자에 대하여 국가가 보호자의 역할을 자처하고 예방적 현대화 정책을 폈다. 1880년대 세계 최초로 본격적인 사회보험 입법을 추진하여 1883년 의료보험법, 1884년 산업재해보험법, 1889년 연금보험법을 제정했다. 1880년대 독일에서의 세 가지 사회보험제도로부터 비롯된 복지국가의 태동은 각국 간의 정치적 경제적 사회적 문화적 차이에도 불구하고 전 유럽으로 확산되어 거의 모든 유럽 국가에서 복지국가의 가장 핵심적 제도로 정착되었다. 유럽과는 이질적인 미국과 캐나다에서는 복지관련 제도들이 1930년대 대공황기에 도입되었다.

chapter 05

지식이 작업방식과 육체노동에 적용된 시대
−1880∼1950

과학적 관리혁명과 노동생산성

▌지식 패러다임의 두 번째 이동과 그 인식

마르크스가 말한 자본주의의 불가피한 내재적 모순, 프롤레타리아의 소외와 착취, 그리고 프롤레타리아 계급 그 자체를 한꺼번에 무너뜨린 것은 무엇인가? 그 해답은 노동생산성 혁명(labor productivity revolution)과 연금기금 혁명(pension fund revolution)이다.

앞서 말한 대로 1750년경 '지식'은 의미를 바꾸어 도구와 제조공정과 제품에 적용되기 시작했다. 도구와 제조공정과 제품에 적용된 지식은 기계의 생산성, 구체적으로 말해 자본생산성을 크게 증가시켰다. 기계는 노동자의 생산능력을 획기적으로 증가시켰고 막대한 이윤을 남기게 했다.

그러나 '잉여이윤' 은 그 주인인 자본가가 대부분 가져갔다. 그것은 당연한 귀결이었다. 지식의 첫 번째 의미변화 단계에서는 제품을 생산하고 운반하는 노동자의 노동생산성을 증가시키지 못했다. 노동생산성은 고대사회 이후 산업혁명 이전까지는 실질적으로 증가하지 않았다. 노동자 자신의 생산성은 옛날 이집트에서 피라미드를 건설했던 노예나 그리스의 조각 기능공이나 로마제국의 도로공사에 동원되었던 속국의 주민이나 르네상스시대 피렌체에 부를 가져다준 모피의류를 만들던 재단사와 비교하여 생산성 면에서 별반 달라진 것이 없었다.

하지만 노동자 또는 마르크스의 눈에 그것은 착취였다. 마르크스는 "만국의 노동자여 단결하라!"고 외쳤고, 발자크는 소설을 통해 "큰돈 뒤에는 범죄가 있다."고 했다. 그것은 어법상의 문제이기도 하다. 큰 돈뿐 아니라 작은 이윤도 범죄이기는 마찬가지니까. 어느 회사가 '수익성' 을 크게 향상했다고 하면 칭찬할 일이지만, 그것은 어느 회사가 '폭리' 를 취했다는 것의 다른 표현이다.

마르크스가 죽기 2년 전, '지식' 은 또다시 그 의미를 바꾸어 작업 그 자체에 적용되었다. 즉 노동생산성 혁명이 시작된 것이다. 1881년, 프레더릭 테일러는 최초로 시간연구, 작업연구, 작업 분석에 지식을 적용했고, 시간연구를 통해 작업을 과학화했다. 그것을 우리는 과학적 관리법(Scientific Management)이라고 부른다.

작업(work), 즉 일이라는 것은 오랫동안 인류와 같이했다. 사실상 모든 동물은 살기 위해 일을 해야만 한다. 그러나 오랫동안 서양에서는 일의 존엄성이란 겉치레에 지나지 않았다. 고대중국의 황제들은 일 년에 한 번씩 쌀농사를 축복하기 위해 쟁기를 잡았다. 그러나 서양과 동양 어느 쪽에서도 일과 관련된 문학은 순전히 상징적인 것이었다. 뿐만 아니라 일에 관한 역사는 없다. 그러나 또한 지식에 관한 모든 철학적 논의에도 불구하고 지식에 관한 역사 또한 없다.

일이라는 것은 교육받은 사람들 또는 부유하거나 권위 있는 사람들이 관심을 기울일 분야가 아니었다. 일이라는 것은 인류의 탄생과 더불어 있었지만 일(노동)하는 것은 늘 고역이었고, 노예들이나 하는 것이었다. 작업자가 생산량을 더 늘리기 위한 오직 하나의 방법은 더 오래 일하거나 더 열심히 일하는 것, 즉 노동투입의 증가뿐임을 '모두가 알고 있었다.' 마르크스 역시 19세기의 다른 모든 경제학자들이나 기술자들과 마찬가지의 신념을 갖고 있었다. 확실히 삽으로 모래를 퍼내는 일(테일러가 발표한 가장 대표적인 작업분석)은 '교육받은 사람'으로서는 중요하게 여기는 것은 그만두고라도 관심가질 일이 아니다.

마르크스와 19세기의 다른 모든 경제학자들 또는 19세기의 기술자들은 개인의 노동생산성은 바뀌지 않는다고 생각했다. 그러나 테일러는 일하는 방식을 과학적으로 바꾸면 노동생산성을 향상시킬 수 있다고 생각했고, 작업에 과학적 지식을 적용한 결과 노동생산성은 실제로 폭발적으로 증가되었다. 테일러 시대에는 '생산성(productivity)'이라는 용어 자체도 사용되지 않았다. 사실 제2차 대전 전 미국에서 처음 사용할 때까지도 마찬가지였다. 가장 권위 있는 영어사전인 옥스퍼드 사전에도 1950년판까지는 '생산성'이라는 용어를 현대적 의미로 설명하고 있지 않았다.

테일러가 지식을 작업에 적용한 지 몇 년 뒤 생산성은 매년 3.5~4 퍼센트씩 증가하기 시작했다. 그것은 18년마다 생산성이 두 배씩 증가한다는 것을 의미한다. 테일러 이후 모든 선진국에서 생산성은 거의 50배나 증가했다. 이런 사상 초유의 생산성 증가야말로 노동자들의 생활수준과 삶의 질 향상의 근원이었다.

증가된 생산성의 증거는 반쯤은 생활수준의 향상을 의미하는 소비재의 구매력 증가로 나타났고, 나머지는 여가시간의 증가, 건강관리, 교육비 증가로 나타났다. 선진국 근로자들은 1910년경까지는 적어도 연간 3,000시간이나 일했다. 그러나 지금은 가장 일을 많이 한다는 우리나라 사람들도 연간 2,000시간 이하로 일하고 있다. 그들은 20세기 초의 생산수준과 비교하면 시간당 50배나 더 생산하고 있는 것이다. 증가된 생산성의 상당한 몫은 건강을 돌보는 것에 쓰였는데, GNP 대비 거의 제로에 가까웠던 것이 8~12퍼센트에 이르렀으며, 또한 GNP 대비 2퍼센트 수준이었던 교육비 지출도 10퍼센트 또는 그 이상으로 늘어났다.

드러커는 이런 현상을 다음과 같이 짧게 설명한다. "과학적 영농과 과학적 관리법은 인류의 생활수준을 향상시킨 진정한 의미의 영웅들이다. 그것들은 근로수명을 연장한 두 가지 주요 요소들이다."

1880~1920년까지의 기간이 지식 패러다임이 바뀌는 전환기였음을 최초로 인식한 사람은 테일러의 사상을 '과학적 관리법'이라고 이름 붙여준 루이스 브랜다이스(Louis D. Brandeis, 1856~1941)였는데, 그는 인권에 대해 진보적 시각을 가졌던 미국의 대법관으로 테일러

의 지지자였다. 그 뒤를 이어 소설가들이 예리하게 표현했다.

헨리 포드의 성공은 개인의 자율성과 주체성을 완전히 희생한 대가로 이뤄졌고, 19세기 동안 거의 모든 산업에 종사했던 숙련된 장인들의 자긍심을 철저하게 파괴해 버렸다. 올더스 헉슬리(Aldous Huxley, 1894~1963)가 쓴 풍자소설 《멋진 신세계(Brave New World)》(1932)에는 '포드 기원 632년'의 사건을 담고 있다. 거기에 등장하는 아이들의 이름은 레니나(Lenina), 베니토(Benito), 모르가나(Morgana), 몬드(Mond), 마르크스(Marx) 등으로, 자본주의와 공산주의가 완전 통합된 세상에 살고 있다. 신세계의 지도자들은 포드자동차의 모델 T를 풍자하여 T자 글씨를 만들어 보이고는 "오 포드여!"라고 맹세했고, 학생들에게 "역사는 부질없다."(이 말은 포드가 종종 했던 말이다)고 복습시킨다. '빅 헨리'라고 불리는 시계탑은 황금 트럼펫들의 합성음악으로 시간을 알리고, 거기에 맞춰 군중들은 "포드! 포드! 포드!"를 외친다.

포드주의에 대한 가장 격렬한 비판은 역설적으로 코미디를 통해 나타났다. 찰리 채플린(Charlie Chaplin, 1889~1977)의 무성영화 《모던 타임스(Modern Times)》(1936)는 "산업사회 이야기 또는 개인의 독립성—행복의 추구를 위한 인간성의 훼손"이라는 부제가 달려 있다. 영화는 몇몇 장면이 지난 뒤 일렉트론스틸사(Electron Steel Co.)의 근로자로서 조립라인에서 일하는 채플린이 등장한다. 리듬에 맞춰 일해야 하고, 화장실에서 담배피우는 것마저도 감시당한다. 관리자는 황급히 돌아가는 자동투입기계를 조작하면서 채플린의 얼굴에다 빵한 조각을 던진다. 채플린은 기계의 부속품들 속에 파묻혀 기름통과 함께 춤추고, 공산주의식 행진곡에 맞춰 행진하고, 폴렛 고다드

(Paulette Godard, 여주인공)와 함께 레스토랑의 가수로서 성공과 행복을 맛보기도 전에 감옥으로 끌려가고 만다. 이 코미디 영화는 대량생산방식의 위험성을 어떤 경영전문가의 경고보다도 더 강력하게 전달하고 있다.

엘튼 메이요(Elton Mayo, 1880~1949)는 오스트레일리아에서 태어나 심리학 교육을 받았으며, 하버드대학 교수로서 사회요소 및 산업관계 분야에서 활동했다. 그의 활동은 이론적이라기보다는 실험 위주였다. 1927~1947년 동안 메이요는 하버드대학 산업조사과에서 여러 실험을 실시했다. 메이요와 동료들은 록펠러재단의 자금지원을 받아 여러 작업조건에서 작업집단의 태도와 반응을 조사하기 위해 웨스턴 일렉트릭 회사 소속 호손공장에서 1924~1932년까지 다섯 차례 실험을 했다(이른바 호손실험은 1927년 메이요의 하버드 그룹이 참가한 때부터다.)

호손 연구의 첫 번째 실험은 작업장의 조명을 조작하는 것이었다. 조명을 조작한 실험집단의 생산성과 조명을 변화시키지 않은 통제집단의 생산성을 비교한 것이다. 실험집단의 조명을 높이자 생산성이 증가되었다. 그런데 놀랍게도 통제집단 역시 조명을 높이지 않았는데도 생산성이 증가했다. 실험집단의 조명을 낮추었을 때도 생산성은 계속 증가되었으며 달빛 정도 수준으로 조명을 낮추었을 때 비로소 생산성이 감소하기 시작했다. 이것은 다른 사람이 주목하고 있는 것을 의식하여 일어나는 현상으로, 일명 '호손현상'이라고 한다. 메이요의 결론은 객관적인 생산조건뿐만 아니라 작업장에서 종업원의 주관적 사회적 충족요건을 만족시켜 작업계획을 세워야 한다는 것이다.

이것은 인간관계의 중요성을 강조함과 동시에 공장은 경제적인 면뿐만 아니라 사회적인 차원까지도 고려해야 한다는 사실을 뜻한다.

메이요의 사상은 《산업문명의 인간 문제(The Human Problems of an Industrial Civilization)》(1933)에 구체적으로 표현되었다. 메이요와 같은 인간관계론자들의 활동 결과 오늘날 산업현장에는 행동과학자, 카운슬러, 산업체 담당 성직자, 집단 역학자, 소시오그램(집단 내에서 인간관계를 나타낸 도표) 분석가, 각종 프로그램의 교육자, 산업 심리학자 등이 참여하여, 장기적인 생산성 극대화에 이바지하도록 작업상황을 조성하려는 경영진을 지원하고 있다.

그러나 육체근로자에 대한 테일러의 접근이 옳았고, 마르크시즘이 도덕적으로나 경제적으로나 실패했다는 것을 파악하는 데는 시간이 좀 더 걸렸다. 드러커는 《경제인의 종말》(1939)에서 마르크스주의의 실패를 예견했다. 1944년 신보수주의의 아버지격인 하이에크(Friedrich August von Hayek, 1899~1992)는 《예속의 길(the Road to Serfdom)》에서 사회주의는 불가피하게 노예화를 의미한다고 주장했다. 다시 말해 '민주주의적 사회주의' 라는 것은 없으며, 오직 '전제주의적 사회주의' 뿐이라는 것이다. 그로부터 40년 후에 쓴 그의 마지막 저서 《치명적 환상(The Fatal Deceit)》(1988)에서도 마르크시즘은 절대로 살아남을 수 없다고 주장했다. 그러나 하이에크가 이 책을 출판했던 때는 모든 사람들이, 특히 공산주의 국가의 모든 사람들이 이미 같은 결론에 도달해 있었다.

▌평등을 달성하는 법 : 마르크스와 테일러

무엇이 테일러로 하여금 작업연구를 시작하게 했는가? 그것은 19세기 후반, 자본가와 노동자 사이에 깊어지는 증오를 보았던 충격 때문이었다. 마르크스가 보았고 디즈레일리와 비스마르크와 헨리 제임스가 본 노동자의 고단한 삶을 테일러 역시 보았다. 그러나 테일러는 그들 모두가 보지 못했던 것, 즉 계급갈등은 불필요하다는 것도 보았다. 테일러는 노동자의 생산성을 높여 그들이 꽤 넉넉한 임금을 벌도록 하겠다고 마음을 먹었다. 그렇게만 된다면 자본가와 노동자 사이의 갈등은 자연히 사라질 것이라고 생각했다.

마르크스가 《공산당 선언(Manifest der Kommunistischen Partei)》을 발표하여 "가진 자를 타도하라!"고 주장한 시기가 1848년이고, 테일러가 과학적 관리법으로 노동생산성을 향상하면 모두가 잘살 수 있다고 한 시기가 1881년인 것을 보면, 사회계급간의 인식의 차이가 수십 년이라는 시차를 거쳐 해소되는 것으로 보인다.

테일러를 자극한 것은 능률이 아니었다. 그것은 또한 소유주를 위해 이익을 창조하는 것도 아니었다. 테일러가 죽을 때까지 믿었던 생각은, 생산성의 열매를 가장 많이 가지고 가는 자는 소유주가 아니라 노동자라는 것이었다. 그의 관심사는 "소유주와 노동자, 즉 자본가와 프롤레타리아가 다 함께 생산성 향상에 관심을 갖고, 지식을 작업에 적용하는 사회를 만드는 것"이었다. 테일러의 가장 대표적인 분석 대상의 작업은 삽으로 모래를 퍼담는 일로서 사실 지식인들이 중요하게 여기거나 좋아할 일이 아니었다. 그것은 하층민들이나 하는 일이고 지식인들이 할 일이 아니라고 생각했다. 지적 역사에서 테일러보다 더 큰 영향을 준 인물은 거의 없었다. 그리고 테일러만큼 의도적으로 왜곡된 사람도 없었으며, 또한 한결같이 잘못 인용되고 있는 사람도 없다. 그러나 드러커는 《자본주의 이후의 사회》에서 "만약 이 세상에 정의라는 것이 있다면, 마르크스는 빼내고 테일러를 대신 집어넣어야만 한다."고 주장했다.

마르크스의 사상과 경제이론(노동가치설, 잉여가치, 이윤율 하락, 자본축적과정, 산업예비군, 공황, 자본주의의 쇠퇴론 등)은 여러 사람에 의해 비판되었다. 마르크스는 노동을 물리적 측면에서만 보았고, 인간자본(human capital)이라는 주요개념을 인식하지 못했다. 마르크스의 노동가치설은 자본, 기술, 경영관리 능력 등 다른 생산요소들이 가치 증가에 기여한 중요성을 무시하고 있다. 잉여가치의 창출은 노동과 자본, 기술 및 관리의 복합적 산물인데, 마르크스는 잉여가치를 오직 노동가치로만 생각했다. 현대경제는 과학의 진보에 따라 기술적 혁신에 결정적인 영향을 받고 있으며, 새로운 중간계층인 생산기술자들의 등장을 프레더릭 테일러는 보았지만 마르크스는 보지 못했다.

마르크스는 자본축적의 과정은 일단 시작되면 더욱 촉진되어 결국 대자본가에 집중하게 되고, 대자본가의 수도 늘게 되므로 대자본가들 사이의 경쟁은 더욱 격렬해진다고 보았다. 결국 소수의 독점 자본가의 수중에 자본이 집중되어 노동수요가 감소하고, 무산계급 노동자, 즉 프롤레타리아는 더욱 비참한 노예상태가 된다고 보았다. 노동자는 이러한 상태를 막기 위해 폭력으로 혁명을 일으켜, 소수의 자본가인 '가진 자'의 것을 빼앗아 '못 가진 자'에게 분배해야 한다고 마르크스는 주장했다. 이에 대해 테일러와 헨리 포드는 근로자들이 실질적으로 잘살 수 있다고 생각했고 또 그렇게 되었다.

노동자의 생산성 향상 결과로 노동자들이 저축을 하게 되는데, 노동자들이 퇴직 후에 받을 요량으로 적립한 연금기금이 대기업에 투자되면 노동자들은 집단적으로 대기업의 대주주가 되어 결국 생산수단을 (마르크스 식으로 표현하여) 공유하게 된다. 이런 식으로 선진국에서는 개인 대자본가의 역할은 겨우 이름만 남게 되고, 공산주의 혁명을 불필요하게 만드는 과정을 드러커는 1976년 《보이지 않는 혁명》에서 처음으로 밝혔고, 1993년 《자본주의 이후의 사회》에서 확인했다. 드러커는 이런 현상을 "개인자본가 없는 자본주의" 또는 "무산계급 노동자 없는 공산주의"라고 불렀다.

결론적으로, 마르크스의 사상과 학설은 기계의 등장과 자본의 집중, 일부 천민 자본가의 착취와 궁핍한 실직 노동자가 일시적으로 불균형한 상태에 있던 마르크스의 시대(1820~1880)에 적합한 것이었다. 마르크스는 인간의 창조적 적응능력을 과소평가한 것이다.

▌능률운동 : 테일러, 페이욜, 시어도어 베일, 헨리 포드

1873년 뉴욕과 비엔나 증권시장의 붕괴를 시작으로 전 세계로 확산된 공황은 1890년까지 이어졌다. 이것은 1776년 애덤 스미스의 《국부론》의 출판과 함께 시작된 자유방임의 한 세기를 마감하는 사건이었다. 1873년의 세계공황 속에서 현대 복지국가가 태어났다. 그로부터 10년 내에 프레더릭 테일러는 시간연구와 작업연구를 시작했고(1881), 칼 마르크스가 세상을 떠났으며(1883), 같은 해 20세기의 위대한 두 경제학자 케인스와 슘페터가 태어났다. 그리고 토머스 에디슨

(Thomas Alva Edison, 1847~1931)이 발명활동에 몰두했고 철도, 철강, 화학, 석유 등 각각의 산업에서 대기업들이 속속 등장하기 시작했다. 따라서 1881년을 기점으로 산업혁명의 초점은 '분업'과 '보이지 않는 손'과 '자본생산성 향상'으로부터 '대량생산'과 '보이는 손'과 '육체노동생산성 향상'으로 옮겨가게 된다.

테일러는 1856년 3월 필라델피아의 부유한 변호사 집안에서 태어났다. 20세 때 하버드대학 법학과에 합격했으나, 시력이 매우 나빠지는 바람에 입학을 포기하고 필라델피아의 모형제작 회사에 입사했다. 머리가 좋았던 테일러는 몇 가지 금속 발명품으로 일찌감치 부자가 되었다. 3년 후인 1878년에는 미드베일 강철회사로 옮겼고, 관리자로 승진한 테일러는 첫 저서 《시간연구(Time Study)》(1881)를 발표했다. 1893~1901년까지 베들레헴 강철회사에서 근무하다가 은퇴 뒤에는 필라델피아에 거주하며 대학과 기업에서 과학적 관리법에 대해 강의하고 저술활동에만 전념했다. 1911년 경영학사상 기념비적 저술 《과학적 관리법(The Principles of Scientific Management)》을 발표했다. 1912년에는 미국의 하원 청문회에서 과학적 관리법과 공장관리에 관하여 "하원 특별위원회를 위한 테일러의 증언(Taylo's Testimony before the Special House Committee)"이라는 글을 발표했다.

테일러가 태어나서 활동하던 1860~1900년까지의 40년 동안 미국의 인구는 3,100만 명에서 두 배도 넘는 7,600만 명으로 늘어났다. 자연적 인구증가도 있었지만, 이 시기에 유럽과 아시아로부터 1,900만 명이 몰려왔던 것이다. 이들은 당연히 미숙련 노동자들이었는데, 주로 뉴욕이나 보스턴 또는 디트로이트나 클리블랜드와 같은 동부 공업도시에 집중적으로 정착했다.

테일러 시대에 사회적으로 인정받는 강력한 노동조합들은 정부 소유의 병기창과 조선소였는데, 제1차 대전까지 평화기의 미국의 모든 무기는 이곳에서 생산되었다. 이런 노동조합들은 직업별 독점조합이었다. 이런 노동조합에 가입할 수 있는 자격은 회원의 아들이나 친척에게만 한정되었다. 회원이 되려면 5년에서 7년 정도의 도제수업을 받아야 했지만 체계적인 훈련이나 작업연구는 없었다. 훈련이나 작업연구에 대해 기록으로 남기는 것은 전혀 허용되지 않았다. 해야 할 작업에 대해 청사진 하나 없었고 설계도면도 없었다. 테일러의 논리에 따르면 육체노동에는 다만 '작업'만 있을 뿐이며 모든 작업은 똑같은 방법으로 분석할 수 있다. 그러므로 작업 분석이 보여주는 대로 또 수행되어야 하는 방식대로 작업할 뜻이 있는 노동자라면 모두 '일류시민'이 되고 최상급의 임금을 받을 자격이 있다는 것이다. 이들이 받는 임금은 오랫동안 도제수업을 받은 숙련노동자가 받는 것과 같거나 더 많았다.

노동조합의 입장에서 보았을 때 세상에 숙련을 요하는 작업이란 없다고 한 테일러의 주장은 큰 도전이었다. 테일러는 노동조합을 화나게 했을 뿐만 아니라 그 당시 소유주들의 감정을 해쳤기 때문에 사태를 개선하지 못했다. 테일러는 노동조합에 대해서도 전혀 쓸모없는 존재라고 하는 한편, 소유주에 대해서도 "돼지들"이라고 표현하는 등 악감정을 갖고 경멸했다. 그러면서도 테일러는 과학적 관리법이 초래한 수익증가분을 소유주보다는 노동자가 더 가져야 한다는 생각을 일관성 있게 유지했다. 실컷 두들겨 패주고 욕설까지 하는 격으로,

테일러의 '네 번째 원칙'은 소유주와 노동자가 작업연구를 공동으로 할 필요는 없지만 협의는 이루어져야 한다고 요구했던 것이다.

테일러는 공장에서의 권한은 소유를 기준으로 결정되어서는 안 된다고 주장했다. 권한은 우월한 지식을 기준으로 해야 한다는 것이었다. 다른 말로 표현하면, 테일러는 요즘 우리가 말하는 '전문경영자'를 요구했던 것이다. 하지만 19세기의 자본가들에게 전문경영자는 저주받은 사람이었으며 '과격한 이단'으로서 테일러는 그들로부터 '말썽꾸러기' 또는 '사회주의자'라는 등의 격렬한 공격을 받았다. 실제로 테일러의 가장 친밀한 제자나 동료들 가운데 몇 명, 특히 그의 오른팔 격이었던 칼 바스(Carl Barth, 1860~1939)는 공공연하게 자기 자신들을 '좌익'이라고 선언했으며 강력한 반자본주의자들이었다.

테일러와 거의 같은 시대 프랑스에는 앙리 페이욜(Henry Fayol, 1841~1925)이라는 사업가가 활약하고 있었다. 페이욜은 1860년에 꼬망뜨리 푸르상보(Commentry Fourchambault)의 광산기사로 출발하여 1888년에는 관리이사가 되었다. 페이욜이 관리 책임을 맡게 됐을 때, 회사는 거의 도산 직전이었으나 1918년 퇴직할 무렵에는 재정상태가 완전히 회복되었다. 페이욜은 이 같은 성공을 자신의 능력으로 보지 않았으며 경영관리에 관한 일반원칙과 지식에 따랐을 뿐이라고 했다. 그리고 그런 지식은 학습될 수 있다고 했다. 사실 경영관리 개념과 원칙을 분석한 것은 페이욜이 최초이며 이전에 없는 독창적인 것이었다. 꼬망보 광산회사에서 자신의 아이디어를 응용하고 시험해본 페이욜은 1916년 유명한 《산업 및 일반 관리론》을 출판했다.

페이욜의 《산업 및 일반 관리론》은 경영관리에 관해 매우 혁신적이고 중요한 세 가지 제안을 했다. 첫째, 경영관리는 독립된 지식으로서 모든 조직관리에 적용될 수 있다는 것, 둘째, 모든 경영 현상에 적용될 수 있는 최초의 완전하고 포괄적인 경영관리 이론이라는 점, 셋째, 대학은 경영관리 과목을 가르치고 개발할 수 있다는 것이었다. 사실 페이욜이 프랑스 및 다른 여러 유럽 국가들의 사상에 끼친 영향은 테일러가 미국에 끼친 영향 정도와 맞먹는다.

산업사회를 뒷받침하는 세 개의 기둥은 소위 3S이다. 표준화(standardization), 전문화(specialization), 단순화(simplification)이다. 산업사회의 시장규모와 역할이 커지자 표준화된 것은 코카콜라의 병, 백열등, 자동차의 부속품뿐만이 아니었다. 표준화 원칙은 그 밖의 대상에도 적용되었다. 이 중요성을 제일 먼저 이해한 사람 중 하나가 시어도어 베일(Theodore Vail, 1845~1920)이었다. 그는 20세기 초 AT&T를 설립하여 거대기업으로 성장시킨 인물이다. 1860년대 말 철도우편 사무원으로 일하던 베일은 우편물의 수신인이 같을 경우라도 배달 경로가 항상 같지 않다는 사실을 알았다. 우편 행낭은 목적지에 도착하기까지 여기저기 왔다 갔다 하느라 목적지에 도착하는 데 몇 주일이 걸리거나 몇 개월이 걸리는 경우도 있었다. 수신인이 동일한 편지는 같은 경로로 배달되어야 한다고 생각한 베일은 배달 경로의 표준화를 생각해 냄으로써 우편사업의 혁명을 이룩했다.

수렵채집사회와 농경사회에서는 생산에 필요한 정보는 가까운 사람에게 얻을 수 있는 것으로도 충분했다. 그러나 산업사회의 경제활동은 원료뿐만 아니라 많은 정보가 필요했고 그것들을 효과적으로 분배해야 했다. 이렇게 되자 모든 나라가 다투어 우편제도를 마련했다. 우체국이란 사회적으로 매우 유익한 발명으로, 미국의 정치가 에드워드 에버레트(Edward Everett, 1794~1865)는 "우체국은 기독교와 더불어 우리들의 근대문명을 받드는 한쪽 축"이라고 표현했다. 우체국으로 인해 산업시대에 맞는 전달통로가 처음으로 일반인들에게도 열리게 된 것이다. 1837년 영국의 우체국은 1년에 대략 8,800만 통의 편지를 다루었다고 한다. 당시 수준으로는 그야말로 정보의 홍수라고 할 수 있는 숫자였다.

베일은 나중에 AT&T를 창립하고서는 미국의 가정용 전화기를 모두 검은색으로 단순화했다. 헨리 포드의 모델 T 자동차에 한발 앞선 검은색 패션이었던 셈이다. '단일 제품을 대량으로 생산'하는 대량생산의 진수를 표현한 것이다. 물론 고객이 다양한 색깔의 자동차를 구입할 수 있도록 하는 건 어렵지 않았다. 페인트공에게 여러 개의 스프레이 장치를 주기만 하면 되는 것이다. 그러나 포드에게 있어 단일 제품은 곧 대량생산의 핵심이었다.

베일은 수화기를 비롯한 모든 부품뿐 아니라 AT&T의 업무처리 절차와 관리체계까지 표준화했다. 1908년 AT&T는 몇 개의 전화회사를 흡수 합병했는데, 그 정당성을 주장하면서 베일은 다음과 같이 강조했다. "표준화된 공장을 중앙에서 관리함으로써 비용뿐만 아니라 전선이나 기타 시설비를 절약할 수 있다. 교환업무와 요금계산의 통합에 따른 경비절감은 말할 것도 없다. 산업화 시대에 성공하려면 하드웨어뿐만 아니라 업무의 절차라든지 관리업무 등 소프트웨어를 모두 규격화해야 한다."

자동차 왕으로 불리는 헨리 포드는 40세 때인 1903년에 당시로서는 엄청나게 큰 자본금 10만 달러를 투입하여 포드자동차를 설립했고, 1907년에는 최초로 값싼 자동차 모델 T를 내놓았다. 그러나 그 당시 다른 자동차들과 비교했을 때 싼 것일 뿐, 평균소득 개념으로 말하자면 요즈음 엔진이 2개 달린 개인용 경비행기 값에 해당되었다. 당시 미국에서 750달러짜리 모델 T를 사려면 산업체에 고용된 근로 자가 3~4년간 버는 소득과 맞먹는 정도인데, 당시 하루의 임금은 80 센트였고, '복리후생 수당'은 물론 전혀 없었다.

1908년 첫 출시된 유명한 모델 T는 포드가 최초로 A형 자를 생산 한 후 5년간에 걸친 시작(試作) 설계품 중 20번째 작품이었다. 그리고 1913년 봄 디트로이트에 새로 건설한 하이랜드 파크 공장에서 포드 의 천재성이 다시 한 번 발휘됐다. 작업자가 이동하는 것이 아니라 작업 대상인 자동차가 이동하는 이동식 조립라인(컨베이어벨트 시스 템)을 도입한 것이다. 이는 작업자가 이동하는 데 소요되는 시간을 절 감하여 작업속도를 빠르게 한 것이다. 1908년 모델 T의 생산원가는 경쟁사보다 훨씬 낮아졌다. 이러한 생산혁신을 통해서 모델 T를 550 달러에 판매하다가 1916년에는 360달러로 내렸고, 1920년대 초에는 다시 225달러로 인하할 수 있었다.

포드가 자동차 가격을 인하하여 노동자들도 자동차를 살 수 있도록 한 것은 '사치품의 대중화'라고 할 만하다. 사실 포드는 처음부터 고 소득층이 아니라 일반 시민을 목표 시장으로 삼았다. 그 사이 물가는 두 배로 올랐지만 포드는 가격을 반으로 낮추었다. 뿐만 아니라 1914 년 1월 5일을 기해서 하루 2달러였던 종업원의 임금을 5달러로 인상 하고 종업원에 대한 이익분배금을 1,000만 달러로 했으며, 근무시간을 9시간에서 8시간으로 단축했다. 포드는 자서전 《나의 인생과 일 (My Life and Work)》(1926)에서 포드자동차 종업원의 행동원칙과 고객 서비스의 원칙을 다음과 같은 네 가지로 밝히고 있다.

첫째, 미래에 대한 공포심도, 과거에 대한 자만심도 갖지 말 것.

둘째, 부당한 경쟁을 하지 말고 어떤 일을 최선을 다해 수행하는 데 뜻을 둘 것.

셋째, 이윤은 서비스의 결과이므로 이윤을 우선시하지 말 것.

넷째, 제조업이란 가능한 한 최저의 원가로 제품을 만들어 소비자에게 판매하는 것이지 싸게 사서 비싸게 파는 것이 아님을 명심할 것.

제1차 대전과 대공황

▌과학적 관리법의 확산

프레더릭 테일러는 언젠가 "당신이 '과학적 관리법'을 발명했습니까?"라는 질문을 받았다. 테일러는 이렇게 대답했다. "자기 혼자서 '과학적 관리법'을 만들었다고 주장할 수 있는 사람은 아무도 없습니다. 아마도 그것은 100명도 더 되는 사람들이 현장에서 실험하고 응용하고 적용하는 노력이 합쳐진 것입니다. 따라서 우리 모두는 겨우 일부분씩만 기여했을 뿐이고, 각자 조금씩 개선시켰다고 해야 옳습니다."

산업혁명의 본질이 생산의 기계화와 기업가 정신에 기초한 생활수준의 증진운동이었으나, 그 과정에서 자본의 축적과 노동의 착취라는 정치, 사회, 경제적 문제와 맞물려 초기의 산업사회 국가들은 대부분 극심한 사회변화를 겪었다. 경제적 약자인 노동자들은 마르크스의 사상에 크게 영향을 받으면서 노동운동을 벌였다. 특히 노동조합은 '시간연구와 동작연구에 기초한 훈련'으로 도제제도를 통한 숙련기술을 제거할 수 있다는 테일러의 주장에 크게 반발했다. 기업주 또한 노사 화합을 주장하는 테일러가 탐탁지 않았다.

정부도 차츰 노동운동에 개입하기 시작했다. 대체로 자본가의 입장을 두둔한 국가들은 자본주의 국가로, 노동자 편을 든 국가들은 사회주의 국가로 분류되었다. 자본주의적 경제체제를 선택한 국가는 사회주의 확산을 막기 위한 수단으로써 복지제도를 도입했다. 테일러 등이 주도한 민간 주도의 능률증진 운동은, 변증법으로 해석하면 산업혁명 이후 등장한 자본가 계급(正)과 노동자 계급(反) 사이의 갈등을 통합(合)하는 역할을 했다.

1906년 테일러는 미국기계공학회(the American Society of Mechanical Engineers) 회장이 되었다. 그의 명성은 널리 퍼졌고 테일러의 사상을 전파하고자 하는 사람들이 모여들었다. 헨리 간트(Henry Gantt, 1861~919), 칼 바스, 호레이스 하사웨이(Horace K. Hathaway, 1878~1944), 모리스 쿡크(Morris L. Cooke, 1872~1960), 샌포드 톰슨(Sanford E. Thompson, 1867~1949), 프랭크 길브레스(Frank Gilbreth, 1868~1924) 등이 적극 합류했다. 1911년 프랭크 길브레스가 이끄는 몇몇 사람들은 처음에 경영과학촉진회(Society to Promote the Science of Management)라는 별개 조직을 구성했고, 테일러 사후에 테일러 소사이어티(Taylor Society)라는 이름으로 바꾸었다.

1911년 새로 선출된 필라델피아 시장은 테일러에게 도시행정을 도와달라고 요청했다. 테일러는 이 일의 담당자로 쿡크를 추천했고, 쿡크는 공공사업국장이 되어 필라델피아 행정에 과학적 관리법을 도입했다. 4년 동안 그는 오물수거비를 100만 달러 이상 절약케 했고, 전기·가스·수도요금을 감축시키는 데 성공했으며, 비능률적인 1,000명의 노동자들을 해고하고 연금기금을 설치하고 도시 행정관리를 향상시켰다.

프랭클린 루스벨트(Franklin Roosebelt, 1882~1945) 대통령 재임 기간 동안에도 쿡크는 여러 가지 직책을 맡았는데 지방 전화청 및 뉴욕주 전력국의 책임자로 일할 때 중요한 역할을 했다. 그는 또한 분쟁해결사로서 해리 트루먼(Harry Truman, 1884~1972) 대통령을 위해 봉사하기도 했다. 쿡크는 과학적 관리에 대해 노사간의 조화로운 협조 개발이라는 새로운 아이디어를 제공한 선구자였다. 과학적 관리법이 기업뿐만 아니라 공공기관에도 적용된 것이다.

과학적 관리법은 세계적으로 확산되었다. 유럽에서 산업혁명이 시작하여 미국에 전파되었다면 과학적 관리법은 미국에서 시작하여 유럽으로 전파되었다. 전파된 경로는 네 가지로 구분되는데, 첫째는 기업들간의 벤치마킹이다. 이것은 미국의 공장현장이 올리는 높은 생산성에 자극을 받은 유럽의 기업가들이 자신들의 공장에 과학적 관리를 실무적으로 적용하는 방식이다. 둘째는 전쟁을 수행하는 고위 군사관계자들이 군수품의 원활한 보급을 위해 과학적 관리법을 도입한 것이다. 셋째는 학교 교육을 통한 전파였다. 마지막 네 번째는 협회를 형성하고 세계적으로 지회를 늘리는 방법이었다. 이 경로는 특히 지식인들의 역할이 컸다.

1907년 테일러의 시간연구 방법이 처음 프랑스에 소개되었고, 샤뗄리에(Henri Le Chatelier, 1867~1949)와 샤를르 드 프레밍빌(Charles de Freminville, 1856~1936)은 테일러의 저서를 번역하고 보급했다. 제1차 대전 중 유럽은 과학적 관리법을 적극적으로 활용했다. 그 당시 프랑스의 육군장관 조르주 끌레망소(Georges Clemenceau, 1841~1929)는 전쟁에 관련된 모든 공장들로 하여금 테일러의 체계적인 경영관리 방법을 활용하라고 명령했고, 샤뗄리에는 제1차 대전 기간에 프랑스 군수공장의 책임자로 일했다.

테일러의 과학적 관리법은 자본주의 체제의 국가들에서만 보급된 것이 아니다. 1918년 레닌(Nikolai Lenin, 1870~1924)은 《프라우다

(Pravda)》에 게재한 러시아 산업에 관한 글에서 "우리는 성과급제를 즉시 도입해 실행해야 한다. 테일러 시스템의 과학적이고 진보적인 제안들을 모두 실행해야 한다."고 주장했다.

1924년 체코슬로바키아의 수도 프라하에서는 '과학적 관리 및 경영에 관한 최초의 국제회의'인 국제경영회의가 개최되었는데, 이 회의를 주도한 사람은 기업인이나 학자가 아니라 신생 체코슬로바키아의 초대 대통령 토마스 마사리크(Tomas Masaryk, 1850~1937)였다. 그리고 회의를 후원한 사람은 그 당시 미국의 상무장관이었던 허버트 후버(Herbert Hoover, 1874~1964)였다.

테일러 이후 70여 년간 폭발적인 노동생산성 향상을 통해 선진국 경제가 탄생된 배경은 작업에 대한 지식의 적용이었는데, 이 사실을 인식하는 사람이 너무 적다는 것은 심각한 문제다. 기술자들은 기계에, 경제학자들은 자본투자에 그 공을 돌리고 있다. 물론 자본주의 역사의 처음 130년간, 즉 1850년을 기준으로 하여 그 이전의 100년(1750~1880) 동안 기계와 자본에 대한 투자는 굉장한 성과를 올렸다. 그러나 초기 100년 동안 노동자의 생산성은 조금도 달라지지 않았으며, 따라서 노동자의 소득은 전혀 늘어나지 않았고 작업시간도 감소되지 않았다.

한편 자본주의 역사의 두 번째 시기(1880~1950)에는 기술이나 자본의 성과가 크게 발전하지 않았다. 두 번째 시기의 결과에 대한 결정적인 배경 또한 지식을 작업에 적용한 결과로서만 설명될 수 있다.

▌ 민족주의, 제국주의, 제1차 대전, 러시아 혁명
특정 지역에 대한 깊은 애착심을 느끼고 공통의 문화와 역사를 가진 사람들이 공감하는 감정은 막연하게나마 '민족감정'이라고 할 수 있다. 민족주의란, 이러한 감정에 뿌리를 두고 국가를 위해 개인의 충성과 헌신을 바쳐야 한다는 정신이다. 자기 민족의 역사와 전통은 다른 민족에 비해 우월하며 자기 민족은 신이나 역사의 특별한 선택을 받아서 다른 민족과 구별된다는 선민의식이 담긴 민족주의는 유럽에서 기독교가 정신세계의 지배권을 상실함에 따라 그 빈자리로 밀고 들어온 사상이었다. 따라서 민족주의에는 자연히 종교적 성격이 포함되어 있다.

새로운 신화, 순교자, 숭배할 기념일, 민족의 영웅 등을 부추김에 따라 개인은 집단의 일원이 되고자 하며 개인과 집단 간의 동질성이 생겨나게 되었다. 민족이나 국가를 위해 기꺼이 자기희생을 감수하게 되었고, 그런 희생의 모범은 다른 사람들에게도 희생을 부추겼다. 이러한 감정의 구체적인 예는 앞서 말한 프랑스혁명에서 나타나기 시작했다. 프랑스혁명은 국가의 주인은 국왕이 아니라 국민이라는 원칙을 확인케 하였으며 국왕과 교회와 신분제의회 이상의 제도로써 국민 모두가 국가를 보존해야 한다고 느끼도록 만들었다. 국민 모두가 국가의 존립에 관심을 가지고 국가를 위하여 자발적으로 참여했던 프랑스혁명은 민족주의자들이 역사의 전면에 부상하게 된 중요한 사건이었다.

제국주의(Imperialism)는 자본주의의 발달로 원료공급지와 제품 시장을 확보하기 위한 유럽 제국들의 쟁투에서 나타난 것으로, 민족국가들 간에 민족경쟁이라는 성격을 띠고 있었으므로 어떤 민족이 다른 민족을 제압하거나 제압당하는 결과를 초래했다. 따라서 각 민족은 경쟁에서의 승리를 위하여 수단과 방법을 가리지 않았다. 그리하여 이성의 신뢰, 자유와 진보, 인간의 존엄이라는 구호가 외면을 장식하는 동안 잔학과 착취, 무자비한 살육과 강탈이 유럽인들의 내면에 자리 잡게 되었다. 게다가 '적자생존'을 주장했던 생물학의 다윈주의가 인간을 포함한 모든 생물에게 적용되는 일반법칙이라고 인정되자, 이 사회적 다윈주의(Social Darwinism)를 토대로 유럽인들은 열등한 사회를 지배하는 것을 자연의 법칙으로 받아들였다. 더 나아가 미개한 아시아와 아프리카인들에게 문명의 혜택을 전하고 그들을 야만으로부터 벗어나게 인도하는 일이 자신들의 임무요 신이 부여한 성스러운 의무라고까지 생각하기에 이른 것이다.

나폴레옹의 몰락 이후 근 100여 년간 유럽 전체가 대규모로 휘말린 전쟁은 없었으며, 그것이 유럽인의 마음을 느긋하게 해주었다. 그러나 그런 외양과 달리 서구문명은 내면적으로 동요되고 있었다. 자유주의자들은 19세기 초 민족국가(또는 국민국가)의 수립이 유럽에 평화를 가져다줄 것으로 믿었으나 1914년에 이르자 정반대의 현상이 나타났다. 즉 민족주의의 열풍이 유럽국가의 핵심이념으로 자리 잡자 그들은 다른 민족국가를 이웃으로 바라보지 않고 경쟁자 또는 적으로 규정했다. 앞서 말한 것처럼 사회적 다윈주의는 이 과정의 기폭제로 쓰였다.

제1차 대전을 촉발시킨 사건은 발칸의 한 지역, 즉 옛 유고슬라비아에서 발생했다. 마르크스의 평생 후원자였던 엥겔스는 발칸을 "역사가 없는 민족"이라 했는데, 그러한 발칸이 18세기 들어 세계의 주목을 끌게 된 것이다. 오스만투르크 세력이 쇠퇴하면서 민족주의가 싹텄다.

각 민족은 독립을 꾀하는 한편으로 민족패권주의를 추구했다. 프란츠 페르디난트 대공(Frang Ferdinand, 1863~1914)이 1914년 6월 28일 살해되자 정확히 한 달 뒤인 7월 28일에 오스트리아는 세르비아에게 선전포고를 했고, 러시아는 즉시 슬라브인을 돕는다는 명분으로 오스트리아에게 선전포고를 했다. 이에 독일이 오스트리아를 지원하면서 러시아에 선전포고를 했고, 프랑스는 러시아를 지원하며 독일에 선전포고를 했으며, 영국은 독일의 벨기에 침공을 구실로 삼아 독일에 선전포고를 함으로써 갑자기 유럽 전체가 전운에 휩쓸리게 되었다.

제1차 대전의 촉발은 오스트리아 황태자의 암살이었으나 그 내부적 원인은 간단하지 않다. 1914년 이전부터 프랑스와 러시아는 독일과 오스트리아에 대해 매우 공격적인 태도를 취하고 있었다. 특히 프랑스는 1870년 비스마르크가 나폴레옹 3세를 격파하고 프랑스를 무력으로 굴복시킨 다음 알자스-로렌 지역을 빼앗은 데 앙심을 품고 있었다. 프랑스의 과격파들은 보복전을 해야 한다고 공개적으로 천명했고, 1913년에는 '3년 복무 법안'이 통과되어 군사력을 강화했다. 독일과 인접한 러시아는 남쪽으로 진출할 목적으로 꾸준히 군사력을 키워가고 있던 중 1914년 7월 30일에 가장 먼저 총동원령을 결의하여 긴장을 유발했다. 당시 독일은 러시아와 전투를 치를 준비가 안 된 상태여서 서부전선에서의 전투만을 생각하고 있었다. 독일의 입장에서는 러시아가 남쪽 병력을 환수하여 쳐들어온다면 꼼짝없이 당할 수밖에 없다고 봤기 때문에 절박한 가운데 선제공격을 하기로 결정했다.

전쟁이 확정되었을 때 유럽 전역에 예상치 못했던 이상한 현상이 나타났다. 전 유럽 국민들은 폭력행사를 하기로 마음먹은 듯했고, 전쟁은 따분한 일상의 돌파구처럼 되었다. 인명 살상, 재물 파괴를 수반하는 전쟁의 해악에 대한 우려는 전혀 논의되지 않았고 전반적으로 들뜬 분위기에 젖어 있었다. 심지어 전쟁이란 아름다운 일이며 인간의 숭고한 희생정신이 발휘될 유일한 기회라고 떠드는 무리까지 나타났다. 즉 민족주의의 열기는 전쟁이 민족국가의 영광을 증명할 기회로 받아들이게 했으며 사람들을 들뜨게 만들었다. 전장으로 나가는 군인들은 모험을 찾아 출발하는 탐험가처럼 보였고, 뭔가 멋있는 일을 해치울 수 있으리라는 기대를 품게 했다.

미국의 참전을 결정적으로 불러일으킨 것은 독일의 무제한 잠수함 작전이었다. 독일은 영국으로 수송되는 모든 물자를 단절시켜 영국을 기아에 빠지게 하겠다는 전략으로 영국 항구로 들어가는 모든 선박에 대해 국적을 불문하고 격침하겠다고 포고했다. 이로써 영국에 군사정비, 곡물 등 군수품과 필수품을 팔아 큰 이득을 취해온 미국의 상선들은 악명 높은 독일 잠수함(U Boat) 어뢰공격의 표적이 되었다. 그리고 1915년 5월 7일, 미국의 여객선 루시타니아(Lusitania)호가 격침됐다. 미국인의 인명과 물자는 물론이거니와 미국의 위신과 공해(公海)에서의 자유항행의 권리를 빼앗긴 미국은 당연히 격분했다. 우드로 윌슨(Woodrow Wilson, 1856~1924) 대통령은 독일이 승리하면 세계를 지배하려 들 것이며, 이는 미국의 안보에 중대한 위협이라고 주장했다. 또 군국주의와 전체주의의 무력에 자유민주주의가 훼손되는 것은 인류발전에 역행하는 것임을 내세워 미국의 참전 필연성을 밝혔다. 결국 미국의회는 1917년 4월 6일 대독 선전포고를 결정했고,

미국이 참전하게 되었다.

제1차 대전에서 교전국들은 국가자원을 모조리 전쟁에 쏟아 부을 수밖에 없었다. 따라서 국내에서는 식량과 물자의 부족으로 인해 광범위한 사회적 불안과 고통이 수반되었다. 러시아는 대규모 혁명을 경험했으며, 오스트리아–헝가리 이중제국 그리고 독일에서는 1918년 내내 폭동과 파업이 끊이지 않았다. 사상자가 점점 늘어나자 독일과 오스트리아–헝가리 이중제국은 전의를 상실했고, 양국은 11월에 이르러 연합국이 내건 항복조건을 수락했다. 그리고 11월 9일 독일의 카이저 빌헬름 2세(Wilhelm II, 1859~1941)는 폐위되어 네덜란드로 도주했다. 1918년 11월 11일, 즉 "열한 번째 달의 열한 번째 날, 열한 시"에 제1차 대전은 종결되었다. 제1차 대전은 무익한 싸움이었다. 낭만적이며 충동적으로 시작된 제1차 대전은 역사상 어떤 전쟁보다 더 지독한 살육전으로 확대되었다.

마르크스가 예언한 공산혁명은 제1차 대전 전란의 와중에 맨 먼저 러시아에서 시작되었다. 1917년 2월 23일, '국제 여성의 날' 기념행진에 참가한 방직회사의 여성 노동자들이 혁명대열을 이끌었고, 다음 날 20만 명이 파업과 시위에 동참했다. 1917년 4월 7일, 레닌은 황급히 독일이 내준 전용열차를 타고 스웨덴과 핀란드를 거쳐 상트페테르부르크에 도착했다. 러시아 구력(舊曆)으로 1917년 10월 25일 오전 10시. 트로츠키를 위원장으로 하는 볼셰비키 군사혁명위원회는 러시아 수도 상트페테르부르크에서 소비에트 정권을 수립했음을 선언했다. 블라디미르 일리치 레닌(Vladimir Illich, 1870~1924)이 망명지인 스위스에서 급거 귀국한 지 여섯 달 만의 일이었다.

혁명가 레닌은 권력의 정점에 앉았던 짧은 기간(1917년~1924년)에 무자비한 숙청을 자행해 전체주의의 비극, 스탈린, 마오쩌둥, 히틀러, 폴포트로 이어지는 독재자의 원형을 창출했다. '10월혁명'은 20세기에 시작되고 20세기에 마감된 최대의 사건임이 분명하다. 자본주의의 전복을 목표로 했던 혁명이 그 후 자본주의에게 자극과 공포를 주어 개혁의 기회를 제공함으로써 자본주의를 구하는 아이러니를 연출했다.

볼셰비키는 마지막까지 끈질기게 남아 있던 농노제도와 봉건주의 전제(專制)에 최후의 일격을 가했다. 농업을 뒤로 밀어버리고 의식적으로 산업화를 추진했다. 볼셰비키는 정치적으로는 공산주의였지만 소련이 산업사회에 동참하는 데는 우호적인 정당이었던 셈이다. 다른 여러 나라에서도 앞서거니 뒤서거니 하면서 농업사회를 지향하는 세력과 공업사회를 지향하는 세력들의 충돌이 잇따랐고 정치위기, 동란, 파업, 반란, 쿠데타, 전쟁 등이 일어났다. 그러나 많은 시행착오와 수정을 거쳐 20세기 초에는 오지 지역을 제외한 세계가 모두 산업사회로 탈바꿈했다.

▌보이는 손 : 대규모 조직은 기술이다

제1차 대전이 끝날 무렵 20세기적 기업 형태가 거의 완성되었다. 미국의 기업구조에서 19세기적인 요소는 거의 사라졌다. 점진적으로 성장했던 가족기업과 지역기업들은 철도 네트워크, 기업합병, 조립라인으로 인해 몰락의 길을 걸어야 했다. 대기업의 경영자들은 '보이지 않는 손'에 의해 분업이 이뤄지고 수요와 공급의 균형을 맞춘다는 애덤 스미스의 자유기업이론에 도전했다. 그들은 대량시장에서 전문화된 제품을 계획하고 조정함으로써 '보이는 손'의 역할을 했고, 또 그것이 더 효율적이라는 사실을 증명함으로써 자생력 있는 기관이 되었다.

아널드 토인비는 20세기는 '기술의 시대'에서 '조직의 시대'로 전이되는 시점에 와 있다고 말한 바 있다. 그러나 토인비가 '조직'이라 부르는 것, 그리고 번햄이 '경영행위'라고 부르는 것은 사회, 경제, 행정 분야에 적용되는 기술이다. 번햄이 사용한 '경영혁명'이라는 용어는 모든 분야의 수많은 조직들을 염두에 둔 것이다. 영국 라운트리 회사의 최고경영자이자 경영학자였던 올리버 쉘던(Oliver Sheldon, 1894~1951)은 "조직이란 효과적이고 경제적인 방법으로 합의된 목적을 달성하기 위해, 그들의 모든 활동의 조정과 결합을 통해, 개인이나 집단에게 적합한 과업을 분배하는 것과 관련된 일련의 과정"이라고 말했다. 조직도 한 가지 기술이라는 말이었다.

지난 100년 동안 계층형 조직(hierarchical organization, 피라미드식 조직)이 형성되었다. 앨프레드 챈들러(Alfred D. Chandler, 1918~2007)에 따르면 경영계층은 산업시대 초기의 개인기업에서 발전한 것으로, 1880년대와 1890년대에 미국, 유럽, 아시아 등의 지역에서 나타나기 시작했다. 미국의 철도회사와 전신회사들은 지리적으로 방대한 영역을 관할할 수 있는 조직을 만들어야만 했다. 이러한 시대에는 '시장 메커니즘의 보이지 않는 손'을 대신해서 '보이는 손'이 근대적 산업의 유통을 조정하고 자원을 배분하고 방향을 결정하게 되었다고 챈들러는 적고 있다.

대기업으로 성장한 엑슨, 코닥, IBM, NCR 등의 경영자는 더 이상 기업의 창업자나 그 후손들이 아니다. 이들 기업은 방대한 생산물을 미국 전역과 세계로 유통시키기 위해 관리조직을 갖춰야 했다. 또한 규모의 이익을 달성하기 위해 규격화와 치밀한 계획과 스케줄 작성이 불가피했다. 많은 기업들이 합병, 트러스트, 기타 전략을 통해 한쪽에서는 제품 유통을 진행하고, 다른 한쪽에서는 원자재를 확보하는 방향으로 확대해 갔다. 이러한 수직적 통합이 원가를 줄이고 이익을 증대시켰으며, 미래의 경쟁상대에 대한 진입장벽이 되었다. 다시 말해서 기업인수합병(M&A)은 결코 새로운 개념이 아니다.

대기업들은 규모가 커지고 발전해감에 따라 개별 업무를 통제하는 중간 관리직과 고위 경영자의 수를 늘리지 않을 수 없게 되었다. 사업 부문을 세분화하여 다양한 사업 분야를 포괄하는 기업들이 점차 출현하게 되었다. 이런 형태의 조직은 많은 이점을 가져다주었다. 매입량과 유통량을 조절해 원가를 낮출 수 있었다. 각 업무 단계에서는 사전 계획과 스케줄을 통해서 자재와 물류를 효과적으로 조정할 수 있었다. 시설, 인원, 자금조달 등은 더욱 효율적으로 관리되었다. 그에 따라 계층형 조직 내의 경영자들은 새로운 절차, 정책, 기준을 개발해야만 했고 새로운 경영자들을 모집하고 훈련하는 일도 필요했다. 그리고 많은 활동들이 특수화되고 전문화되지 않으면 안 되었다.

▌대공황과 토목사업

제1차 대전이 끝난 1920년대의 미국은 번영과 평화의 시기였다. 거리에는 영화스타, 재즈, 자동차가 넘쳤다. 중절모자에다 멋지게 차려

입은 갱들을 영화 스크린이 아닌 뉴욕거리와 식당에서 실제로 볼 수 있었다. 1920년 웨스팅하우스는 방송사를 만들어 처음으로 상업광고와 재즈를 전파에 실었다. 제조업 생산량은 10년간 64퍼센트나 늘었고, 미국인 5명당 1명은 자동차를 소유했다. 사실상 1가구 1자동차 시대가 실현된 것이었다. 이 시대 미국의 번영은 참으로 놀라운 것이었다.

미국경제는 20세기 초까지는 대체로 유럽경제로부터 독립되어 있었다. 제임스 먼로(James Monroe, 1758~1831, 미국의 제5대 대통령, 새임 1817~25) 대통령이 1823년 12월 2일 미국에 대한 유럽제국의 외교적 간섭을 금지하는 먼로 독트린을 발표한 이래 미국은 고립주의를 취해 왔기 때문이다. 그러나 미국은 제1차 대전을 계기로 유럽 열강들과 동맹을 맺게 되었고, 유럽에서는 농산품을 중심으로 한 미국 상품의 수요가 크게 증가했다. 그 결과 미국은 농업뿐만 아니라 제조업과 금융업에서도 주도적인 위치를 차지하게 되었다. 그 반면 유럽과 아시아는 상대적으로 암울했다. 독일이 가장 심했다. 제1차 대전 승전국들은 1921년 1월 파리회의에서 패전국 독일로부터 2,260억 마르크의 전쟁배상금을 받기로 결정했다. 같은 해 5월 런던회의에서 1,320억 마르크로 금액이 줄었으나 독일은 이마저 갚을 능력이 없었다.

1920년대 미국의 주식시장에 '하락'이란 단어는 존재하지 않았다. 미국 내 기업과 개인들 모두 전례 없이 투자를 확대함에 따라 미국 증권시장에 상장된 기업들의 주식가치는 급격히 상승했다. 실업은 거의 없었으며, 모든 사람들이 돈을 풍족히 가진 것처럼 보였다. 증권 중개회사들은 좀 더 많은 주식을 판매하려는 판촉전략의 일환으로, 잠재적 주식구매자들로 하여금 주식가격의 일부만을 증거금으로 내고 나머지 금액은 신용으로 구입할 수 있도록 해주었다. 당시 주식의 가치가 순식간에 구매가격의 두 배 또는 세 배가 되는 일이 다반사였으므로 이런 관행이 계속될 수 있었다.

1925~1929년까지 뉴욕증권거래소에서 거래되는 주식의 시가총액은 2배로 늘어났다. "촛불은 꺼지기 직전에 가장 밝다."라는 말을 증명이라도 하듯이 1928년 겨울에는 특히 주식값이 두세 배로 뛰어올랐다. 1928년 미국 대통령 후보였던 허버트 후버는 "신의 가호로 미국에서 빈곤이 소멸되는 것을 곧 보게 될 것"이라 장담했다. 그러나 1920년대가 저물어가면서 미국의 번영에 그늘이 지기 시작했다. 미국경제는 내면적으로 신용팽창의 거품현상이 형성되고 있었던 것이다. 한편 유럽에서 전쟁의 후유증에서 회복한 농부들이 다시 농작물을 수확하기 시작함에 따라 미국농산물에 대한 수요가 급격히 떨어지기 시작했다. 1920년대 후반 미국은 자국 경제의 위기를 수습하기 위해 해외에 투자한 채권을 거둬들이기 시작했다. 그리고 미국으로 사람들이 유입되는 일이 중단되었다. 1900~1914년까지는 1,500만 명, 1915~1929년까지는 550만 명의 이민자를 받아들이며 세계의 경제발전을 이끌었으나 1930~1945년에는 이민자 수가 75만 명에 그쳤다.

공장에는 재고가 쌓여서 기업들은 제품의 생산량을 줄이거나 공장 문을 닫았고, 일거리가 없는 종업원들을 감원하는 현상이 벌어졌다. 상품은 너무 많은데 그것을 살 만한 능력을 가진 사람은 적었다. 상점과 창고에는 물건이 주체하지 못할 만큼 쌓여 있는데도 사람들은 굶주렸다. 1929년 10월 24일 목요일, 거품은 마침내 터졌다. 미국 시민들이 소유하고 있던 주식과 채권이 모조리 휴지조각으로 변하고 말았다. 미국경제의 불황은 곧 세계로 확산되었다.

공황은 자본주의 경제체제에만 나타나는 현상으로, 사회 전체의 구매력을 감안하지 않은 채 자본가들이 이윤추구를 위해 상품을 생산하는 것이 그 원인이다. 상품의 가격이 떨어지면 생산이 줄고 가격이 오르면 생산량을 늘린다는 수요와 공급의 법칙이 이른바 '보이지 않는 손'에 의해 균형을 이룰 때는 별 문제가 없지만 균형이 깨지는 순간 현실은 악몽으로 바뀌는 것이다.

하늘을 찌를 듯한 초고층 건물을 뜻하는 '마천루(skyscraper)'라는 용어가 미국에서 사용되기 시작한 것은 1880년대였다. 초고층 건축 형태는 사회발전과 기술발달이 동시에 맞물려 일어난 합작품으로, 거대기업의 상징이 되었다. 도시에서의 상업활동이 증대함에 따라 수용공간이 필요했고, 또 백화점 건물에 고객용 엘리베이터를 설치하면서 5층 이상 높은 건물의 건설이 가능하다는 것이 확인되었다. 초고층 빌딩이란 정면에서 본 건물의 수평 입면과 건물 높이와의 비율이 최소한 5:1 이상인 것을 말하는데, 1885년 제니(William Le Baron Jenney, 1832~1907)가 철골구조(iron beam) 공법으로 시카고에 지은 55미터의 12층짜리 홈인슈어런스 빌딩이 첫 번째 고층빌딩이다. 기술적으로 초고층 건물은 강한 바람을 버텨낼 수 있어야 한다. 산업혁명 덕분에 실용화 단계에 접어든 강철이 그것을 가능케 해주었고, 게다가 엘리샤 오티스(Elisha Graves Otis, 1811~1861)가 1857년 개발한 고속 엘리베이터가 실용화되고 있었다.

시카고는 당시 급성장하던 철도산업의 핵심도시이자 상공업 중심지로 번성중이어서 급격하게 인구가 늘고 있었다. 1891년 시카고에 16층짜리 모나독(Monadock) 빌딩이 세워졌다. 설계사 루이스 술리반(Louis Sullivan, 1856~1924)은 다음과 같이 썼다. "엄청난 벽돌더미가 깎아지른 듯 그리고 튼튼하게 올라갔다." 그 뒤를 따라 회사들과 건축가들 모두 점점 더 높은 빌딩을 짓느라 경쟁하는 한편 상업용 건물은 우아할 수 없다는 고정관념을 깨뜨렸다. 시카고에서 첫 선을 보인 고층건물이 본격적으로 꽃을 피운 곳은 맨해튼으로, 1900년대에 들어오면서 미국의 경제 중심지가 되었기 때문이다. 상업건축으로 시작된 마천루는 미국에서 발달하여 점차 세계로 퍼져나가 주거용으로도 쓰이고 있다. 초고층 건물은 경쟁적으로 몇 차례 단계를 거치며 발전했다. 단순히 높아졌을 뿐만 아니라 화려한 고전 건물양식을 도입하는 등 미적인 측면에서도 발전했다.

1931년, 102층 381미터의 엠파이어스테이트 빌딩이 그 모습을 드러냈다. 수용인원 1만 8,000명, 분당 360미터 속도로 오르내리는 엘리베이터 65대, 화장실 2,500개, 계단 1,860개를 가진 세계 최고의 빌딩이 탄생한 것이다. 이런 빌딩들이 건설되던 때 미국은 대공황 시기였고 실업자들에게 일자리를 제공하여 재기를 일구려는 의도가 있었다. 당시 케인스는 경기변동의 원인이 공급보다는 수요에 있다고 진단하고 재정금융정책을 통해 불황을 타개할 것을 주장했다. 맨해튼의 빌딩과 후버댐, 테네시강유역 개발공사(TVA) 등은 케인스 처방의 일환이었다. 그러나 엠파이어스테이트 빌딩은 오랫동안 높은 공실률을 보였고, 한동안 엠프티(empty) 빌딩이란 빈축을 샀다.

존 스타인벡(John Ernst Steinbeck, 1902~1968)은 1939년 《분노의 포도(The Wrath of Grape)》에서 대공황 시기에 농토를 빼앗기고 서부로 이주하는 소작농의 처절한 삶을 그렸다. 땅을 빼앗기지 않으려는 농부가 차압을 붙이러 온 집행관에게 마냥 푸념을 늘어놓는다.

"이건 우리 땅이에요. 여기서 태어났고 일생 일했으며 여기서 죽어갔소. 그것이 바로 이 땅이 우리들의 것이라는 증명이요. ……종이쪽지가 중요한 게 아니오."

"참으로 안 된 일이지만 그건 은행이라는 괴물이 하는 짓이요."

"은행도 사람들이 운영하고 있지 않은가요?"

"아니에요. 은행은 사람이 아니라, 물건이요. ……은행은 돈과 이자를 먹고 살지요. 먹을 돈이나 이자가 없으면 그냥 죽고 말아요."

이 소설은 대공황의 무서움과 은행의 비인간성을 고발한 것이지만, 그 농부들과 후예들은 모두 도시에서 임노동자가 되었고 또 그 아이들은 지식근로자가 되었다. 아무도 다시 농부로 돌아가지는 않았다.

제2차 대전

▌자본주의와 공산주의의 실패

애덤 스미스 이후 자본주의는 경제적 진보가 궁극적으로 자유와 평등을 제공한다는 믿음, 다시 말해 인간의 목적달성은 현세에서 이루어진다는 의미에서의 사회적 질서이자 신조였다. 자본주의 사회의 최고 규범은 자유와 평등으로서 이것은 사적 이익의 촉진을 통해 이룩할 수 있다고 한다(마르크시즘은 그런 사회는 사적 이익의 철폐로 이룩할 수 있다고 기대한다.)

이러한 자본주의의 신조(capitalist creed)는 이상적인 자유 평등 사회를 자동적으로 실현시킬 수 있는 수단으로써의 이익 동기를 적극적으로 평가한 최초의 유일한 사회적 신조였다. 그 이전의 모든 신조들은 사적 이익 동기를 사회 파괴적인 것 또는 중립적인 것으로 간주했었다. 그러므로 자본주의는 무엇보다도 경제활동 우선순위를 높게 유지해야 한다. 경제적 진보는 천년왕국을 지상에 세운다는 약속을 실천하는 것이므로, 사회의 모든 에너지는 경제적 목적의 증진에 집중되어야 한다. 이것이 바로 자본주의다.

경제 시스템으로서의 자본주의는 끊임없는 가격 인하와 노동시간의 지속적 단축을 실현하면서도 재화의 생산량을 계속적으로 증가시킴으로써 체제로서 실패하지 않은 것은 말할 것도 없거니와 더 이상 황당한 꿈이 아닌 성공을 거두었다.

1942년 슘페터는 《자본주의, 사회주의, 민주주의》에서 자본주의는 자신이 그 탄생을 도왔고 또한 실현가능하도록 만든 그 민주주의 때문에 붕괴된다고 주장했다. 천년왕국을 지상에 세운다는 사회적 목적이 없으면 자본주의는 아무런 의미도 없으며 합리화될 수도 없을 뿐 아니라 존립할 가능성도 없다. 경제 시스템으로서 성공한 자본주의가 실패했다면 이런 사회적 목적달성 측면에서 실패한 것이다.

경제적 측면으로만 보면, 사회주의 시스템은 효율성과 생산성의 기적을 낳을 수 있을지도 모른다. 하지만 실제로는 그것은 인류가 일찍이 경험해본 적 없는, 본질적으로 적대적인 계급들로 구성된 가장 경직적이고도 복합적인 모습이 사회가 되고 만다. 사회주의 국가는 신정한 자유를 확립하는 대신 농노가 수혜자라는 선언이 무색하리만큼 다시 순수한 봉건주의 사회로 만들고 말았다.

12세기와 13세기 초의 봉건주의 시대, 피라미드식 계급적 사회구조는 그 당시 사회를 형성했던 신조에 의해 합리화되었다. 그러나 '계급 없는 사회'를 지향하는 사회주의 국가의 새로운 사회적 계층, 즉 공산당 간부와 테크노크라트 계급은 어떤 이유로도 합리화될 수가 없다. 결국 그런 사회가 사회주의가 초래하는 불가피한 결과라는 사실이 밝혀지자, '미래 사회질서의 모범'으로 인식되었던 마르크시스트 신조(Marxist creed)에 대한 신뢰가 근본적으로 무너졌던 것이다.

▌나치즘과 파시즘의 등장과 몰락

평등이라는 사회적 목적 달성에 실패한 자본주의, 계급 없는 사회의 달성에 실패한 사회주의, 불황과 실업에 따른 사회적 혼란은 1930년대의 가장 큰 특징인 파시즘과 나치즘 등 전제적 국가주의의 대두를 부채질했다. 1933년 1월, 독일 총리가 된 히틀러(Adolf Hitler,

1889~1945)는 의사당 방화사건(2월)과 총선거(3월)를 거치며 국민과 국가를 보호하기 위한 비상 대권을 거머쥐었다. 그는 유럽 최대 채무국이었던 독일이 대공황으로 겪게 된 곤경을 바탕으로 '독일의 영광 재현'을 내걸고 사회 통제와 군비 확장을 추진했다.

1922년 파시스트 군단을 동원해 정권 장악에 성공한 이탈리아의 무솔리니(Benito Mussolini, 1883~1945)는 로마제국의 부활을 꿈꾸며 1935년 에티오피아를 정복했다. 아시아에서는 또 하나의 강대국으로 부상한 일본이 군부 주도로 1931년 만주사변을 일으키면서 중국대륙 침략을 본격화하기 시작했다. 전체주의는 사회주의 국가에서도 마찬가지였다. 1924년 레닌 사망 후 치열한 권력투쟁을 거쳐 정권 장악에 성공한 소련의 스탈린은 급격한 공업화 정책과 함께 1934~1939년까지 약 300만 명을 처형하는 피의 대숙청을 벌였다.

히틀러가 마침내 1938년 오스트리아와 체코슬로바키아를 점령하고 1939년 폴란드를 침공함으로써 또 한 차례의 대전에 불을 댕겼다. 또 이에 앞선 1937년 일본이 중국에 선전포고를 함으로써 인류는 역사상 가장 참혹한 전쟁의 소용돌이에 휘말리게 되었다. 6년간 계속된 이 전쟁에서 약 6,500만 명이 죽었는데, 그 중 5,000만 명이 민간인이었다. 제1차 대전으로 처음 등장한 독가스, 탱크, 각종 신무기들이 계속 성능과 위력을 더해갔고, 전쟁 기술과 전술도 발전을 거듭했다. 전쟁이 끝나갈 무렵 등장한 원자폭탄은 대량 살상무기 개발의 절정이었다.

1939~1941년의 군사작전이 순조로운 출발을 보이자 히틀러의 계획은 유럽, 서아시아, 아프리카를 포함하게 되었고 마침내 미국을 포

함한 전 세계의 지배를 꿈꾸게 되었다. 이 터무니없는 희망은 거의 6년간의 전쟁 끝에 1945년 독일의 패전으로 물거품이 되었다. 제2차 대전은 어떤 의미에서 제1차 대전의 양상을 되풀이한 것이었다. 즉 전쟁 초기에 독일은 대단한 승리를 거두었으며, 그 결과 대규모의 대(對)독일 연합전선이 만들어졌고, 독일은 무절제한 행위와 욕심으로 인해 전쟁에서 패배했다는 점이 그러하다. 대중운동으로서의 국가사회주의는 1945년 4월 30일 히틀러가 자살함으로써 사실상 종국을 맞이했다.

▌역사의 교훈

불행하게도 과거의 사실을 알면 알수록 인간들은 잘못된 선택을 하는 경우가 많다. 특히 가까운 과거의 일들은 사람들의 판단력을 흐리는 경우가 많다. 제1차 대전 이후 유럽 각국의 외교정책을 살펴보면 더욱 그렇다.

제1차 대전 이후 세계는 전쟁을 피해야겠다는 역사적 교훈을 얻었다. 제1차 대전은 최초의 총력전이었고 현대무기가 동원된 대량살상전이었기 때문에 많은 사람들에게 뼈아픈 교훈을 남겼다. 제1차 대전이 끝나자 사람들은 평화를 갈망했고, 왜 전쟁이 일어나게 되었는지를 고민했다. 그리고 제1차 대전이 발생한 것은 연합국과 동맹국의 외교적 타협술이 부족했기 때문이라는 결론을 얻었다. 이 결론은 매우 타당한 것으로서 프랑스, 영국, 러시아가 모인 삼국협상과 독일, 오스트리아, 터키가 모인 삼국동맹은 서로를 이해하기 위한 노력을 거의 하지 않았으며, 조그마한 일에도 양보하려 하지 않았던 것이다.

그래서 사람들은 다시 긴장상태가 다가온다면 타협하고 양보해야 한다는 것을 깨달았다.

1932년 집권한 히틀러는 1935년 베르사유조약 가운데 독일의 군비축소 조항을 폐기하겠노라고 선언했다. 그는 독일군의 재건에 착수했고, 곧 비무장지대였던 라인란트에 군대를 주둔시켰다. 이때 만약 영국과 프랑스가 힘을 합쳐 저지했더라면 히틀러의 야욕은 그 출발선에서 좌절되고 말았을 것이다. 그러나 영국과 프랑스는 제1차 대전의 악몽을 생각하면서 히틀러에게 계속 양보하고 타협했다.

1938년 히틀러가 오스트리아를 합병하고 주데텐란드를 요구했을 때 영국과 프랑스는 독일이 더 이상의 영토를 요구하지 않겠다는 조건으로 수용해 주었다. 1938년 9월 뮌헨회담에 참가했던 영국수상 네빌 체임벌린(Neville Chamberlain, 1869~1940)은 이 회담이 "평화를 보장했다."고 자랑했다. 그러나 히틀러는 영국과 프랑스가 유화적인 태도를 취하자 이것을 기회로 삼아 독일군을 계속 증강하고 독일 팽창에 힘썼다. 그리고 결국은 다시 세계를 상대로 제2차 대전을 일으켰다.

제2차 대전이 끝난 후, 사람들은 또 다시 제2차 대전의 원인을 고민했다. 그리고 히틀러가 등장했을 때 강력하게 저지하지 못하고 타협했던 것을 후회했다. 미국은 1938년의 뮌헨의 교훈을 염두에 두고 소련의 팽창정책이 새로운 전쟁을 가져올 것이라고 생각했다. 따라서 미국을 비롯한 연합국은 소련에 대해 비타협적이거나 적대적인 태도로 일관했다.

그 결과는 냉전이었다. '뮌헨의 교훈'이 미국인들의 가슴에 얼마나 깊이 박혀 있었는지는 베트남전 참여에 대한 린든 존슨(Lyndon Baines

Johnson, 1908~1973) 대통령의 연설에 잘 나타난다. "뮌헨으로부터 우리는 침략에 굴복하는 것은 더 큰 침략을 가져올 뿐이라는 사실을 배웠습니다." 뮌헨의 망령에 사로잡혀 있던 미국은 베트남전에 대해 강경한 입장을 유지했고 결과는 참담한 패배였다.

세상에는 아무런 관련이 없는 듯한 사람들 사이에, 그것도 서로 다른 시대에 살다 간 사람들 사이에 얽히고설키는 일도 있다. 드러커는 지식과 훈련이 세상을 바꾼다는 사실을 해명하기 위해 《자본주의 이후의 사회》에서 다음과 같은 예를 제시했다.

"모든 육체적 작업은 그것이 숙련기술이든 단순작업이든 간에 지식을 적용함으로써 분석되고 재조직될 수 있다는 테일러의 주장은 당시 사람들의 눈에 터무니없는 일로 보였다. 사실 장인들이 보유한 기능을 어떤 비법으로 생각하는 것은 아주 오래된 사실이었다. 그런 생각이 1941년 히틀러로 하여금 대미 선전포고를 하도록 고무했던 것이다. 미국이 유럽에 충분한 병력을 배치하기 위해서는 이들을 수송할 대규모의 수송선들이 필요했을 것이다. 그 당시 미국은 상선을 거의 갖고 있지 않았고 또한 상선을 호위할 구축함도 없었다. 히틀러는 한걸음 더 나아가 현대전에선 대량의 정밀렌즈가 필요한데 미국에는 숙련된 렌즈공이 없다는 사실을 깨달았을 것이다. 히틀러는 절대로 옳았다. 미국은 상선을 많이 보유하고 있지 않았으며 구축함도 몇 대 없는데, 그마저도 거의 노후한 것뿐이었다. 미국은 또한 광학산업은 거의 갖고 있지 않았다. 그러나 미국은 테일러의 '과업연구'를 적용함으로써 전혀 기술이 없는 노동자들을 훈련하는 방법을 알게 되었다. 노동자들 가운데 많은 사람들은 농촌이나 시골에서 농사를 짓던 사람들이었는데, 60일 또는 90일 가량 훈련시킨 뒤 일류급의 용접공과 조선공으로 바꾸어놓았다. 미국은 그런 사람들을 수개월 동안 같은 방법으로 훈련시켜 과거 독일이 만들었던 것보다 더 고급의 렌즈를 만들었을 뿐만 아니라 생산조립공장도 갖게 되었다. 요약컨대 테일러가 가장 큰 영향을 준 곳은 필시 훈련 분야였다.”

현대 역사에서 초기의 경제강국들, 예를 들면 영국, 미국, 독일 등은 새로운 기술의 선도자 역할을 하면서 등장했다. 제2차 대전 후에 등장한 경제강국들로는 처음 등장한 나라가 일본이고, 그 다음 한국, 대만, 홍콩, 싱가포르 등인데 모두들 경제성장의 공을 테일러의 훈련 방식에게 돌려야 한다. 그때까지만 해도 여전히 산업사회 이전 단계의 국가였고 낮은 임금의 근로자들뿐이었던 이들 나라들로 하여금 짧은 시간 안에 세계적 수준의 생산성을 올리도록 했기 때문이다. 제2차 대전 후 몇십 년 동안 테일러식 훈련은 하나의 진실로, 효과적인 경제개발 추진요소가 되었던 것이다.

chapter 06

지식이 지식에
적용되는 시대
−1950∼21세기 초

the Knowledge history

육체노동의 종말과 정부의 역할

▌노동생산성의 종말

1750∼1880년, 즉 산업사회의 첫 번째 기간 동안 기계를 비롯한 자본에 대한 투자는 엄청난 성과를 올렸다. 그러나 그 기간 동안 노동자의 생산성은 조금도 달라지지 않았다. 따라서 노동자의 소득은 전혀 늘어나지 않았고 작업시간도 감소되지 않았다. 그 뒤, 1881∼1950년까지 70여 년 동안 나타난 폭발적인 생산성 향상은 지식을 작업방식에 적용한 결과였다. 그것이 바로 과학적 관리법이 가져온 진정한 혁명이다. 드러커는 과학적 관리법에 의한 노동생산성의 획기적 증가

를 산업혁명과 구분하여 생산성혁명(productivity revolution)이라고 규정했다.

테일러가 작업연구를 시작했을 무렵 제조현장, 농장, 광산, 운송업 등에서 일하는 작업자의 열 명 중 아홉은 물건을 생산하고 운반하는 육체적인 일을 하고 있었다. 따라서 작업방식의 혁신을 통해 육체근로자의 생산성을 향상시킬 수 있었다. 1950년대에도 모든 선진국에서 육체근로자들은 여전히 다수를 차지했지만 1990년대에는 전체 노동력의 5분의 1로 줄어들었다. 앞으로는 10분의 1이 채 안 될 것이다. 따라서 이제 육체노동 생산성혁명은 끝났다. 제조업, 농업, 광업, 운송업 등에 종사하는 육체노동자들의 생산성 증가로는 더 이상 부를 창조할 수 없다.

20세기 전반에 우리는 농부들의 쇠퇴와 육체근로자들의 등장을 보았고, 20세기 후반에는 육체노동자의 쇠퇴와 지식근로자의 등장을 보았다. 21세기에는 지식근로자의 시대가 될 것이다.

▌새로운 경쟁자의 등장과 유산비용

18~19세기에는 유럽 전역에 걸쳐 가족기업들이 빠른 속도로 생겨났다. 18세기의 상인은 자신의 창고나 가게 안 또는 바로 옆집에 기거했다. 그러나 산업혁명의 결과로 회사의 규모가 커지고 돈을 많이 벌게 되자, 사장의 집은 점점 더 커지고 공장으로부터 점점 더 먼 곳에 건축되었다. 가족기업의 소유주들이 많은 종업원들을 직접 관리할 수 없게 되자 새로운 회사인간, 즉 경영자가 주인과 종업원 사이에 끼어들기 시작했다.

1848년 출판된 찰스 디킨스의 소설 《돔비 부자(Dombey and Son)》
는 신종 인간인 경영자의 독특한 모습을 묘사하고 있다. 경영자는 노
동력이라는 관점에서 볼 때 수렵채집시대의 사냥꾼도 농업사회의 농
부도 아니었다. 중세시대의 수공업자, 상인, 기사와도 닮지 않았다.
르네상스시대의 학자나 예술가도 아니었다. 군인도 아니고 공장의
육체노동자와도 달랐다. 그들은 매우 새로운 노동력이었다. 그들은
개척자였고, 경영자였다.

1600년대 초 캐나다에는 프랑스인들이 처음으로 이주해 모피교역
으로 이득을 얻고 있었다. 모피교역이란 담요, 식칼, 주전자 등 유럽
산 공산품을 북아메리카로 갖고 와 원주민들에게 팔고, 그 대금으로
받은 야생동물의 모피를 유럽에 되파는 사업이었다.

당시 유럽 여러 국가들은 해외 식민지 개척을 정부가 직접 나서지
않고 기업에게 맡겼다. 캐나다의 최대 유통업체인 허드슨 베이
(Hudson's Bay Company)는 신대륙에서의 모피교역 사업을 위해
1670년 영국 런던에서 설립되었다. 당시 영국 왕 제임스 2세(James II,
1633~1701)의 사촌이던 루퍼트(Prince Rupert of Rhine, Duke of
Bavaria, 1619~1683) 왕자가 상인들의 돈을 모아 합자회사 허드슨 베
이를 만든 것이다. 허드슨 베이도 자신의 모피교역 권역 내에 있는
원주민을 정치적으로 지배할 의사는 없었고 단지 경제적 목적으로
본국의 임직원을 현지에 파견했다. 허드슨 베이는 사업권역을 선점
하기 위해 캐나다 서부로 진출했다. 서부에는 모피교역소를 중심으
로 많은 도시들이 생겨났다. 위니펙, 캘거리, 에드먼턴, 밴쿠버 등이
차례로 도시의 모습을 갖추었다. 이로써 미국과 캐나다의 서북 해안

은 허드슨 베이가 사회의 부랑자들을 모아 처음으로 모피를 사러 보낸 이래로 신개척지가 되었다. 그러나 19세기 후반 모피교역이 사양길로 접어들었다. 이 같은 변화에 맞춰 허드슨 베이도 소매유통업, 즉 백화점 업체로 변신했다. 그리하여 1980년대 말까지만 해도 허드슨 베이는 경쟁업체 이튼과 함께 전국 체인망을 갖춘 양대 백화점으로 캐나다 국민들에게 꿈의 궁전 역할을 했다.

19세기 말 밴쿠버 남쪽 미국의 북서부를 둘러싸고 있는 해안을 따라 조성된 울창한 삼림을 베어내기 위해 벌목꾼들과 목재상인들이 들어왔다. 그 목재들은 새로운 마을을 짓기 위해 캘리포니아로 보내졌다. 1900년 프레더릭 웨이어헤이저(Frederick Weyerhaeuser, 1834~1914)는 거의 100만 에이커에 달하는 삼림을 샀다. 그것이 나중에 시애틀 외곽에 위치한 거대한 웨이어헤이저 목재회사의 시초였다. 삼림은 곧 시애틀의 부(富)의 주요한 원천이 되었다. 서북 해안에서 역시 목재업으로 큰돈을 모은 윌리엄 보잉(William Boeing, 1881~1956)은 1916년 시애틀에서 자신의 이름을 따 보잉이라는 조그만 비행기회사를 창업했는데 나중에는 삼림업을 제치고 시애틀의 가장 큰 부의 원천이 되었다. 보잉사는 1967년 점보제트기 보잉747을 생산하고 보관할 수 있는 큰 구조물을 짓기 위해 불도저로 삼림을 밀어냈다. 그것은 부의 원천이었던 목재와 결별하는 상징적인 사건이었다. 그 후 보잉사는 보잉777을 만들었고, 세계에서 제일 큰 비행기 제조회사가 되었다. 시애틀의 성공 신화는 거기서 끝나지 않는다.

20세기 후반 각종 회사들이 등장하자 명석하고도 야심찬 젊은이들이 시애틀로 모여들었다. 그들의 무기는 삼림이라는 천연자원이 아니라 두뇌였다. 그들은 소프트웨어를 개발했고, 바이오기술, 휴대폰, 닌텐도 게임을 개발했다. 그들은 새로운 종류의 회사를 만들고 있었던 것이다. 그것은 보잉과 같은 거대한 구조를 갖고 있는 조직이 아니라 아메바나 해파리와 같이 고정적인 형태가 없는 조직이었다. 그 중 하나가 바로 마이크로소프트(MS)이다. 1975년 갓 스물의 두 청년 빌 게이츠(William Gates, 1955~)와 폴 앨런(Paul Allen, 1953~)은 개인용 컴퓨터(PC)를 위한 기초 프로그램 언어인 베이직(BASIC)을 완성해 엘테어 마이크로컴퓨터 제조회사인 MITS에 팔았다. 그들은 곧 마이크로컴퓨터의 'Micro' 와 소프트웨어의 'Soft' 를 합해 '마이크로소프트(Microsoft)' 라는 이름의 회사를 설립했다. 창업 초기부터 근무했던 대부분의 MS 종업원들은 모두 백만장자가 되었다. 그러나 MS 사무실은 수백 명의 백만장자들과 수십 명의 억만장자들이 일하는 곳이라 느낄 만한 특별한 것은 하나도 없다. "대부분 그딴 것은 생각할 시간도 없다."라고 어느 한 직원의 말이 이를 증명한다.

　미국인의 삶의 질을 향상시킨 유통혁명의 선구자 시어스(Sears)는 100년의 기업 역사를 이어오면서 숱한 경영혁신에 성공했고, 또 위대한 전문경영인을 배출했다. 그러나 시어스는 한때 자사의 종업원이었던 샘 월튼(Sam Walton, 1918~1992)이 세운 월마트에 추월당하고 말았다. 시어스의 경쟁자는 미국 내에서 등장했지만 미국 자동차산업은 도요타, 현대자동차 등 외국 기업들로부터 심각한 도전을 받고 있다.

　《파이낸셜타임즈(Financial Times)》는 2005년 "올 들어 미국에서 '추락한 천사(fallen angels)' 는 모두 15개사로, 지난해 같은 기간의 11개사보다 크게 증가했다."고 보도했다. 추락한 천사란 투자적격 등급을 상실한 기업을 뜻한다. GM과 포드가 동시에 정크본드 수준으로 신용등급이 하락되면서 이 용어가 언론에서 사용됐다. 역대 추락 천사들 중 최대 규모 부채(2918억 달러)를 가진 GM의 신용등급 하락은 미국 경제에 크나큰 충격을 주었다. 특히 매출액 1,930억 달러, 부품·판매 등 직간접 분야 종사자 90만 명을 거느린 공룡기업이라는 점에서 GM 사태는 미국 정부로서도 좌시할 수 없는 중대한 사안이었다.

  GM이 이렇게 된 이유는 단순했다. 회사 형편은 아랑곳 않고 자신들의 이익과 복지만을 챙기기에 급급했던 노조의 행태가 위기를 불러온 것이다. "회사가 이익을 내든 못 내든 납득할 만한 보상을 해주지 않으면 설비 가동률을 80퍼센트 밑으로 떨어뜨릴 수 없고 해고도 할 수 없다."는 과거에 맺은 노사협약 때문이다. 그 노사협약에 따르면 생산라인이 멈춰도 2년마다 이뤄지는 고용 재계약 때까지 회사는 놀고 있는 근로자들에게 임금을 지급함은 물론 의료보험과 연금을 부담하도록 돼 있다. 매출이 줄고 적자가 커지는 상황에서는 이른바 유산비용(legacy cost, 회사가 종업원뿐 아니라 퇴직자 그리고 그 가족의 평생을 위해 부담하는 의료보험과 연금 비용)을 감당하기가 버겁고 이 때문에 글로벌 경쟁에서 살아남을 힘을 잃을 수밖에 없다. GM이 이 유산비용을 부담하려면 자동차 1대당 약 1,600달러씩, 연간 56억 달러(5조 6천억 원)를 지출해야 하는 상황이다. 결국 GM은 2009년 7월 문을 닫았다.

▮ 케인스 : 경제학자 왕을 꿈꾸다

20세기의 두 위대한 경제학자 케인스와 슘페터는 1883년 같은 해에 태어났는데, 둘 다 오랫동안 인정되어 온 경제학설에 도전했다. 케인스는 신고전학파의 거두 앨프레드 마셜(Alfred Marshall, 1842~1924)의 제자였지만 고전학파의 이론을 거부했다. 반면 슘페터는 오스트리아 학파의 경제학자들의 제자로서 스승들을 존경했지만 그의 박사학위 논문 〈경제발전론〉을 보면 "경제학의 중심 문제는 균형이 아니라 구조적 변화다."라는 난언으로써 시사한다. 슘페터는 빈 대학의 학생시절부터 현대경제는 항상 동태적 불균형 속에 존재한다고 생각해 왔다. 슘페터의 경제학은 케인스의 매크로 경제학(Macro Economics)과 같은 폐쇄적 체계가 아니었다. 만약 케인스를 정태적 고전경제학 틀 내에서의 '이단자'로 본다면, 슘페터는 정태적 고전경제학의 '불신론자'였던 것이다.

두 사람은 경제적 현실을 다르게 보았고, 경제학을 상당히 다르게 규정했다. 이런 차이들은 오늘날 세계 경제를 이해하는 데 매우 중요하다. 케인스의 핵심 질문은 19세기 경제학자들의 질문, 즉 '어떻게 하면 경제에 평형과 안정상태를 유지할 수 있는가?'와 같은 것이었다. 케인스는 동일한 질문을 던졌던 19세기 경제학자들의 해답을 전례 없이 대담한 방식으로 뒤엎어버렸다. 특히 국가 전체 경제를 대상으로 하는 매크로 경제가 주된 것이지, 개인과 기업은 경제의 방향을 결정하지 못하고 고용은 수요의 함수라고 보았다. 케인스는 '경제학자 왕(economist king)'이 단 몇 가지 간단한 통화정책들, 예컨대 적자재정, 이자율, 신용한도, 통화유통량 등을 조작함으로써 완전고용과 번영과 안정이 보장된 영구적인 균형을 유지할 수 있다는 결론에 도달했다. 하지만 슘페터는 화폐경제를 수행할 사람은 경제학자가 아니라 정치인이나 장군들일 것이라고 내다보았고, 그것은 독재자에게 문을 열어주는 것임을 알았다.

1936년 케인스는 《고용 이자 및 화폐의 일반이론》에서 다음과 같이 서술하고 있다. "일반 대중의 심리를 불변으로 간주한다면, 전체로서 산출고 및 고용수준은 투자량에 의존한다고 요약될 수 있다. ……물론 나는 진단만이 아니라 치료법에 대해서도 흥미를 갖고 있으므로 나의 저술의 많은 페이지는 치료법에 대해 할애하고 있다." 그 치료법이 바로 공급보다 수요를 강조하는, 즉 유효수요의 부족을 해소하여 대공황을 막으려는 것이었다. 하지만 케인스의 처방으로 인해 대공황에서 탈출된 것이 아님은 주지의 사실이다.

고전경제학은 '혁신(innovation)'을 경제체계의 외부에 존재하는 것으로 보았는데, 그 점은 케인스도 마찬가지였다. 슘페터는 그들과는 반대로 오래되고 진부한 곳에 투자된 자원을 좀 더 새롭고 생산적인 곳으로 이동시키는 기업가 정신, 즉 '혁신'을 경제학의 본질이자 현대경제에서 가장 확실한 요소로 간주했다. 고전경제학자들은 이윤은 위험부담자(risk taker)에 대한 인센티브로서 필요하다고 지적했다. 하지만 이 경우 이윤은 진정한 의미의 뇌물이 아닐까, 그리하여 이윤은 도덕적으로 정당성을 획득할 수 없는 것 아닐까?

이윤 인센티브설이 가진 도덕적 근거의 취약성은 마르크스로 하여금 자본가를 사악하고도 부도덕한 사람으로 매도하게 했고, 자본가는 아무런 기능을 수행하지 못하므로 자본가의 급속한 소멸은 '불가피한 것'이라고 단정케 했던 것이다.

▌슘페터 : 혁신과 창조적 파괴를 강조하다

슘페터는 케인스의 해답은 모두 잘못된 것이라고 지적했다. 예컨대 케인스의 가정(假定) 하나는 화폐의 유통속도는 일정하고 개인이나 기업에 의해 단기적으로는 변하지 않는다는 것이다. 케인스식 처방이 최초로 미국에서 뉴딜 초기에 적용되었을 때, 그것은 얼핏 보기에 제대로 삭동하는 것처럼 보였다. 그러나 그 뒤 1935년경 소비자와 기업은 불과 수개월 만에 화폐의 유통속도를 급격히 낮추었고, 그 결과 정부의 적자재정 지출을 바탕으로 회복된 경제를 무산시켰으며 1937년 주식시장은 두 번째로 큰 붕괴를 맞았다. 비슷한 사례는 역사상 몇 건 더 발생했다.

슘페터는 타계하기 며칠 전 미국경제학회장으로서 발표한 연설문을 수정하고 있었다. 그가 쓴 마지막 문장은 이렇다. "자본주의가 정체하게 될 것이라는 예측은 어쩌면 옳을지도 모른다. ……만약 공적 부문으로부터 충분한 지원을 받게 되면 말이다."

슘페터의 경제발전 이론에 따르면 이윤이 경제적 기능을 수행하도록 한다. 변화와 혁신을 기초로 하는 경제에서 이윤이란 마르크스식의 노동자로부터 착취한 '잉여가치'가 아니다. 그 반대로 이윤은 노동자를 위한 일자리 제공과 노동소득의 유일한 원천이다.

《자본주의, 사회주의, 민주주의》(1942)에서 슘페터는 "자본주의는 그 자체의 성공 때문에 붕괴될 것이다."라는 충격적인 주장을 했다. 자본주의는 정부관료, 지식인, 교수, 변호사, 저널리스트 등을 양성했는데, 이들 모두는 자본주의가 제공한 경제적 혜택의 수혜자이고 또한 사실은 자본주의에 기생하는 사람들이다. 하지만 이들 중 상당수는 부의 창출윤리, 저축윤리, 경제적 생산성 향상을 위한 부의 분배윤리에 대해 거부하는 입장이다. 결국 자본주의는 스스로 그 탄생을 도왔고 또한 실현가능하도록 만든 민주주의 때문에 붕괴될 것이라고 했다. 왜냐하면 민주주의에서 정부는 인기를 얻기 위해 생산자의 소득을 비생산자에게로 점차 이전할 것이고, 내일을 위한 자본으로 축적해 두어야 할 소득을 소비지출로 이전할 것이고, 그 결과 민주주의 체제 하의 정부는 점증하는 인플레 압력을 받게 될 것이기 때문이다. 궁극적으로 인플레는 민주주의와 자본주의를 파괴할 것이라고 슘페터는 예언했다. 1942년 슘페터가 이런 주장을 했을 때 거의 모든 사람들이 비웃었지만, 오늘날 이 문제는 민주주의와 자유시장 경제의 중심문제로 등장하고 있다.

▌거대국가의 등장과 정부계획의 실패

20세기에 치른 두 차례 세계 전쟁은 국민국가를 (국가의 각종 경비에 충당하는 수입을) 원칙적으로 조세의 형태로 조달하는 '조세국가(Steuerstaat 또는 Fiscal state)'로 바꿔놓았다. 제1차 대전 중 참전국들은 가장 빈곤한 국가마저도 국민으로부터 세금을 짜내는 데는 실제적으로 한계가 없음을 알게 되었다.

1918년 슘페터는 조세국가는 결과적으로 정부의 통치능력을 훼손할 것이라고 경고했다. 그로부터 15년이 지난 뒤 케인스는 조세국가에 대해 위대한 해방자라고 치켜세웠다. 정부지출에 대한 제약은 더 이상 없으므로 조세국가의 정부는 효과적으로 통치할 수 있다는 것이 케인스의 주장이었다. 복지국가, 경제의 지배자로서의 정부 그리고 조세국가는 각각 사회적 경제적 문제로 인해, 그리고 사회적 경제적 이론을 배경으로 등장한 것이다.

그러나 거대국가를 창조하게 된 최후의 돌연변이, 즉 냉전국가는 기술에 대한 반응이다. 냉전국가의 기원은, 1890년대 평화로운 시기에 해군병력을 증강하기로 한 독일의 결정에서 비롯된다. 이것은 군비확장 경쟁을 촉발시켰다. 독일 사람들은 이것이 엄청난 정치적 위험을 무릅쓰는 것임을 알고 있었고, 사실 대부분의 독일 정치인들은 그 결정에 반대했다. 그러나 독일의 해군 제독들은 기술의 발전은 다른 선택의 여지를 주지 않는다고 확신했다. 현대적 해군은 강철 군함을 의미하는 것이므로, 그런 군함들은 평화기에 건조해 두어야 한다는 주장이었다. 과거의 관습적 정책이 늘 그랬던 것처럼, 전쟁이 발발할 때까지 군함의 건조를 기다리는 것은 너무 늦을 수 있다는 의미였다.

독일 사람들의 주장에 내포되어 있듯이, 국방이라는 것은 더 이상 전쟁을 시민사회와 시민경제로부터 떼어놓을 수 없다는 점을 의미한다. 현대 기술조건 아래 국방이라는 것은 항구적 전시(戰時) 사회 또는 영구적 전시 경제를 의미한다. 이에 따라 '냉전국가'가 형성되는 것이다. 1950년대 이후 국제정치를 지배한 것은 바로 냉전이었다. 동유럽 공산화에 이어 1959년 쿠바혁명으로 공산주의 정부가 들어서면서 미국을 필두로 한 자유 진영과 동구는 날카로운 긴장 상태로 대치했다. 냉전 상황은 필연적으로 군비 경쟁을 불렀고, 이후 인류는 바

야흐로 핵 시대를 살게 된다.

존 F. 케네디(John F. Kennedy, 1917~1963) 대통령의 죽음에 대한 설득력 있는 설명 중 하나는, 당시 미국에 냉전의 종언을 두려워하는 세력이 있었고 케네디가 그들의 적이었다는 것이다. 케네디는 흑인 정책에서도 관대했다. 더 큰 문제는 1963년 말까지 베트남에서 1단계로 미군 1,000명을 철수시키고 1965년 말까지 월남전에서 미군 역할을 종료하겠다는 정책에 서명한 것이었다. 암살은 이 서명으로부터 한 달 뒤에 일어났다. 부통령으로서 대통령직을 승계한 존슨은 케네디 대통령 암살로부터 불과 2개월 뒤 베트남전의 실질적 확전을 의미하는 '북베트남 비밀공작(통킹만 사건의 뿌리)' 문서에 서명했다. 케네디의 죽음으로 인해 미국 역사, 아니 세계사는 그가 대통령에 당선되기 이전으로 되돌아간 것이다. 냉전의 심화였다.

▌무엇이 대공황을 종식시켰나?

일반적으로 사람들은 프랭클린 루스벨트는 뉴딜정책으로 대공황에 빠진 미국 경제를 구하고 제2차 대전을 승리로 이끈 훌륭한 대통령으로 인식하고 있다. 하지만 무엇이 대공황을 촉발시켰으며, 또한 진정 뉴딜이 대공황을 종식시켰는가를 두고는 경제학자들 사이에 많은 논쟁이 있다.

1933년 대통령에 취임한 루스벨트가 취한 첫 조치는 은행을 조각내는 것이다. 큰 은행은 사악한 거대자본이고 작은 은행은 좋은 은행이라는 논리에 따른 것이다. 하지만 작은 은행은 곧 부실해졌고 은행 파산이 오히려 증가했다. 뉴딜을 시행하기 위해 돈이 필요했던 루스벨트 행정부는 세금을 대폭 올렸다. 세금이 올라가자 실질소득이 줄어든 사람들은 소비를 줄였고 경기침체는 더욱 심해졌다. 뉴딜의 상징인 산업부흥법(NIRA)은 과다한 경쟁이 경제침체를 가져온다는 이유로 가격인하를 금지시켜 모든 것을 비싸게 만들었다. 농업조정법(AAA)은 농산물 과잉생산을 막기 위해 농지 휴경제(休耕制)를 도입했다. 중소농과 소작농이 몰락했고 식료품이 비싸져서 가난한 사람들을 더욱 힘들게 했다. 실업자를 구제하고 지역을 개발하기 위한 테네시 계곡 사업은 공기업인 테네시킹유역개발공사(TVA)가 수행했다. 하지만 TVA는 발전량은 적고 수몰지구는 턱없이 넓은 쓸모없는 댐을 여러 개 세워 세금만 낭비했다. 경기침체 속에서도 노동법은 강해져서 임금이 노동생산성을 훨씬 넘어섰다. 기업들은 신규채용을 꺼렸고, 실업이 증가함에 따라 소비가 줄어드는 악순환이 계속됐다. 1938년 루스벨트가 새로 임명한 법무부 독점금지국장 서먼 아놀드(Thurman Arnold, 1891~1969)는 변호사 300명을 새로 고용해서 150개 대기업을 상대로 독점금지 소송을 제기했다. 하지만 이들 소송은 근거가 약했다. 기업은 자연히 투자의욕을 상실했고 공황은 깊어만 갔다. 제2차 대전이 일어나자 루스벨트는 아놀드를 연방판사로 임명하여 전보시킴으로써 독점소송은 막을 내렸다. 고의로 반기업정서를 유발한 뉴딜이라는 바보 같은 정책을 끝낸 것은 결과적으로 제2차 대전인 셈이었다.

▌정부가 모든 것을 해결할 수 있다는 분배 오류

대공황이 끝날 무렵인 1930년대 후반 유행했던 순진한 신념 중의 하나는 '정부가 모든 것을 다 해결할 수 있다'는 것이었다. 당시 영국 노동당의 경제학자 바바라 우튼(Barbara Wooton, 1897~1988)은 영국 정부로부터 평생 "레이디 우튼"이라 불리는 귀족 작위를 받는 영예를 누렸는데, 그녀는 대공황 시절 베스트셀러였던 자신의 책에서 "계획을 하느냐 마느냐, 그것이 문제로다."라고 외쳐댔다. 대공황에서 국민들을 구해줄 메시아를 바라는 순진한 마음으로 정부를 향해 쓴 이 열정적인 연애편지는 터무니없는 것이었다. 그녀가 페이지마다 밝힌 것은 "유토피아가 여기에 있다. 오직 우리가 해야 할 일은 사악한 집단들로부터, 그리고 이기적인 집단들로부터 (다시 말해 기업과 부자로부터) 모든 것을 빼앗아서 그것들을 정부에게 되돌려주는 것이다."라는 내용이었다.

제2차 대전은 이런 신념을 더욱 공공연하게 만들었다. 정부가 사회적 역량을 모아 전쟁을 잘 수행했다는 것을 보여준 것이다. 국민들은 정부가 계속 기적을 일으키기를 바랐다. 사람들은 정부가 국민들로부터 대가를 받지 않고서도 많은 것들을 산출하리라고 (비록 무의식적이긴 하지만) 널리 믿었다. 그리고 무료로 많은 것을 생산할 수 있다는 환상은 20세기 전반의 보편적인 생각이었다. 그것이 바로 정부 주도의 부의 분배가 경제문제를 해결할 수 있다고 생각하는 소위 분배 오류였다.

결국 사람들은 번번이 실망과 환멸을 느꼈다. 그 후 사람들의 태도는 변했다. 사람들은 정부를 의심하고 또 신뢰하지 않는 방향으로 돌아섰으며 젊은이들은 정부에게 반항했다. 그 대표적인 사례가 1968년 5월 프랑스에서 일어난 학생운동이었다. 그 후 학생운동은 여러

나라에서 다양한 방식으로 전개되었다. 미국에서는 반베트남 전쟁으로, 우리나라에서는 반독재 운동으로 퍼져나갔다. 그리고 정부가 사회적 문제를 해결한다고 해도 믿지 않게 되었다. 미국 존슨 대통령이 추진한 '빈곤과의 전쟁'이 도시의 빈곤문제를 해결할 것이라고 누가 믿겠는가? 또는 러시아가 도입한 경제적 인센티브 제도가 집단농장의 생산성을 올릴 것이라고 누가 진심으로 믿겠는가? 결과적으로 이런 모든 사회적 계획들은 개인에게 조세와 강제 저축(연금)을 강요한다. 이런 명백한 사실에도 불구하고 최근 남미를 중심으로 사회직 문제를 정부가 해결해 주길 바라는 분위기가 일고 있다. 우리나라에서의 반기업 정서도 그런 배경을 깔고 있다.

지식혁명과 지식생산성

▌지식 패러다임의 세 번째 이동과 그 인식

육체노동자의 시대가 갔다면 앞으로 중요한 것은 무엇인가? 그것은 근육을 사용하지 않는 지식근로자들의 생산성을 향상하는 것이다. 그것은 지식에다 지식을 적용해 얻을 수 있다. 그것이 지식 패러다임의 세 번째 이동이다.

이번의 패러다임 변화는 전쟁도 혁명도 없이 조용히 진행되고 있다. 지식 패러다임의 첫 번째 이동기에는 여전히 토지가 주요 생산요소였기 때문에 토지확보를 위한 전쟁이 있었고 피를 흘리는 시민혁명도 있었다. 두 번째 이동에서도 역시 선동과 피를 흘리는 공산혁명이 있었다. 그러나 세 번째 이동기에는 자신의 두 귀 사이, 즉 머리에 든 지식을 응용하여 새로운 지식과 상품과 서비스를 생산하기 때문에 인간에게 육체적 고통을 안겨주지 않고 진행되고 있다.

이제 정규교육에서 습득되는 정상적인 지식은 중요한 개인적 자산이고, 중요한 국가 경제적 자원이다. 지식은 오늘날 유일하게 의미 있는 자원이다. 전통적인 생산요소인 토지, 노동, 자본은 사라지지 않았다. 그러나 그것들은 가장 중요한 것이 아니라 부수적인 것이 되었다. 그것들은 지식만 있다면 쉽게 얻을 수 있는 것들이다.

새로운 의미의 지식은 실용적이고, 사회적 지위와 경제적 성과를 얻을 수 있어야 한다. 지금은 지식이 지식에 적용되고 있는 중이다. 결과를 생산하기 위해 기존의 지식을 어떻게 잘 적용할 것인가? 이것이 사실상 우리가 말하는 '경영' 이다.

지식의 역동성에 관한 이 변화를 드러커는 '지식혁명' 또는 '경영혁명'이라고 표현했다. 지식을 자본과 작업도구(기계) 그리고 제조공정과 제품에 적용한 첫 번째 단계가 산업혁명이고, 지식을 작업 그 자체와 일하는 방식에 적용한 두 번째 단계가 노동생산성 혁명이었다. 그리고 지식을 지식에 적용한 세 번째 단계가 지식혁명이다. 지식혁명은 범세계적인 변화다.

지식근로자는 산업사회를 지식사회로 바꾸고 있다. 우리가 살고 있는 사회를 지식사회라고 부르기에는 시기상조일지도 모른다. 왜냐하면 우리는 지금까지는 겨우 지식경제만 갖고 있고, 정치체제와 사회체제는 여전히 산업사회의 그것에 머물러 있기 때문이다. 그러나 20세기 후반부터 선진국 사회는 확실히 "자본주의 이후 사회(post-capital society)"다. 21세기 초에 태어난 아이들은 그들의 조부모들이 생활했고 그들의 부모들이 태어났던 1950년대 이전의 세상을 상상하지 못할 것이다. 우리들은 지금 말 그대로 전환기에 살고 있다.

과거에는 전환의 시대를 살았던 당대의 사람들은 전환기를 인식하지 못했고 50~60년이 지나서야 통찰력 있는 지식인이 등장하여 그런 역사적 사실을 해명했다. 그러나 20세기 후반의 전환기는 다르다. 동시대를 살았던 드러커는 《새로운 사회》(1950)에서 자원으로서의 지식의 중요성을, 《내일의 이정표》(1957)에서 지식사회, 지식경제, 지식근로자라는 용어들을 사용했고, 《단절의 시대》(1968), 《새로운 현실》(1989), 《자본주의 이후의 사회》(1993)에서는 동시대가 전환기임을 진단했다. 그 직후 미래학자 앨빈 토플러의 저서 《제3의 물결》(1980), 일본의 작가이자 경제기획청 장관을 지낸 사카이야 다이치(堺屋太一,

1935~)가 쓴 1980년대 중반의 베스트셀러 《지식가치 혁명(知價革命)》
(영역본은 1991, Kodansha International에서 출판), 프랜시스 후쿠야마가
1989년 《내셔널 인터레스트》에 기고한 〈역사의 종말〉 등은 앞으로의
시대변화를 묘사하고 있다.

지식이 인간의 내면에 초점을 맞춘 시기(고대 시대에서 중세 시대를 거
쳐 산업혁명 직전까지의 시대)는 사냥꾼, 목동, 농부와 상인의 시대였다.
지식이 자본과 결합한 시대는 임노동자의 시대(산업혁명 시대)였다. 지
식이 작업과 결합한 시대는 육체노동자의 시대(과학적 관리법 시대)였
다. 지식이 지식과 결합하는 시대(1950년 이후)는 지식근로자의 시대
다. 제대군인 원호법은 지식근로자들을 양산했고, 컴퓨터와 인터넷은
지식사회의 인프라이다.

▌조용히 진행되는 지식혁명

지금 진행되고 있는 지식혁명은 인류 역사상 네 번째의 정보혁명이
다. 첫 번째 정보혁명은 5,000~6,000년 전 메소포타미아에서 발명된
문자로 인해 발생했다. 두 번째 정보혁명은 인쇄서적의 발명으로 촉
진되었다. 최초의 인쇄물은 BC 1300년경 중국에서 등장했고, 그로부
터 800년 뒤 그리스 아테네의 독재자 페이시스트라토스(Peisistratos,
BC6세기경~BC528)가 구전으로만 전해오던 호머(Homer, BC6세기)의
서사시를 책으로 인쇄했다. 세 번째 정보혁명은 1450년과 1455년 사
이 구텐베르크가 인쇄신문과 활판 인쇄술을 발명하고 동시대인들에
의해 동판화가 발명됨으로써 촉발되었다. 오늘날 우리가 500여 년 전
발생했던 것으로부터 무엇이라도 배울 것이 있겠는가?

1400년대 중반 구텐베르크가 활판 인쇄술을 발명하기 직전, 책이
란 매우 사치스런 물건이어서 부유하고 교육받은 사람들만이 구입할
수 있었다. 그러나 1522년에는 1,000페이지가 훨씬 넘는 마틴 루터
(Martin Luther 1483~1546)의 독일어판 성경이 출판되었으며, 가격이
싸서 가난한 농부 가족마저도 한 권씩 살 수 있었다.

　세 번째 정보혁명에 따른 원가 및 가격 인하는 최소한 현재 진행 중
인 정보혁명, 즉 네 번째 정보혁명만큼이나 파장이 컸다. 확산 속도
와 확산의 범위도 마찬가지였다. 지금 인쇄매체는 전자 유통채널을
점령하고 있다. 오늘날 가장 빠르게 성장하는 서적 판매회사는 아마
존(Amazon.com)으로서 이 회사는 인터넷을 통해 인쇄된 서적을 팔고
있다. 이것은 IT가 인쇄를 대체하는 것이 아니라, 오히려 인쇄가 IT기
술을 이용하여 인쇄된 정보의 유통채널로 사용하고 있는 것이다.

　정보를 위한 시장은 존재한다. 그리고 비록 아직까지 조직되지는
않았지만, 정보의 공급도 존재한다. 기업이나 개인은 모두 그들이 원
하는 정보는 무엇이고 또한 그것을 어떻게 획득해야 하는지를 배워
야 할 것이다. 말하자면 핵심자원으로서의 정보를 조직하는 법을 배
워야만 할 것이다.

　우리는 진실로 혁명적인 정보의 영향을 이제 막 피부로 느끼기 시
작했다. 그러나 그 충격에 기름을 부은 것은 '정보' 그 자체가 아니
다. 그것은 '인공지능(artificial intelligence)'에서 비롯된 것도 아니다.
의사결정, 정책, 전략 수립에 활용되는 컴퓨터나 자료처리 기법에서
비롯된 것도 아니다. 그것은 실질적으로 아무도 예견하지 못했으며,
수십 년 전만 해도 사람들 입에 오르내리지 않았던 전자상거래(e-

commerce)에서 비롯됐다. 그리고 전자상거래는 범세계적으로 상품과 서비스를 유통시키고 놀랍게도 관리업무 및 전문직업까지 유통시키는 하나의 주요한 (궁극적으로는 가장 중요한) 통로인 '인터넷'의 폭발적인 증가 때문에 가능해졌다. 산업혁명 시대에 철도는 거리를 단축시켰지만 인터넷은 아예 거리를 제거해 버렸다.

전자상거래는 경제, 시장, 산업구조 상품과 서비스 및 그 유통 소비 계층의 세분화, 소비자의 가치관, 소비행위 직업과 노동시장 등에 심각한 변화를 불러오고 있다. 그러나 더 큰 충격은 사회와 정치의 변화를 불러오고, 무엇보다도 우리들로 하여금 세상을 보는 관점 또는 그 세상 속에서 살아가는 자신을 보는 관점에 변화를 불러왔다는 점이다. 이제 새롭고도 예측하지 못한 신종 산업이 빠른 속도로 등장하리라는 것은 의심할 여지가 없다. 이미 하나가 등장했다. 바로 생명공학이다. 다른 하나는 어류양식이다. 앞으로 50년 안에 어류양식은 우리를 바다의 수렵채취인이 아니라 '해양 목축업자'로 바꿔놓을 것이다. 이것은 약 1만 년 전 지상에서 수렵채취 활동을 하던 인류의 조상을 농경 목축업자로 바꾸어놓은 혁신과 비슷한 것이다.

1950년경 새로운 기적으로서 '컴퓨터'가 등장했을 때, 그로 인해 예상되는 시장은 군대와 과학계산 분야, 예컨대 천문학 분야일 것이라고 했다. 그러나 그 당시에도 몇몇 사람은 컴퓨터는 기업에서 주요한 적용 영역을 찾을 것이고, 따라서 기업경영에 큰 영향을 줄 것으로 내다보았다. 그런 주장을 편 사람들은 또한 기업경영 분야에서 컴퓨터는 급여업무나 전화요금 청구 등과 같은 잡다한 서류를 매우 빠른 속도로 가감산하는 기계 이상의 역할을 할 것으로 내다봤다. '전문가들'이 언제나 그렇듯이, 구체적인 분야에 대해서는 생각이 서로 달라서 의견의 일치를 보지 못했다. 그러나 한 가지 사실에는 동의했는데, 그것은 컴퓨터가 기업정책, 기업전략, 기업 의사결정에 최고로 영향을 미칠 것이라는 견해였다. 즉 컴퓨터가 경영자의 업무를 혁신할 것이라는 데 모두 동의했다.

정보기술이 제공해 주는 자료에 대해 최고경영자가 느낀 실망이 지금 새로운 차세대의 정보혁명을 촉발하고 있다. 정보기술론자들, 특히 기업의 최고 정보책임자들(CIO)은 그들의 통료들(즉 최고경영자들)이 필요로 하는 것은 회계자료가 아니라는 사실을 곧 깨달았다. 그리고 기업의 최고경영자들은 지난 수십 년 동안 차례로 '우리들이 임무를 수행하기 위해서는 어떤 정보 개념이 필요한가?'라고 질문하기 시작했다. 그리고 지금 그들은 그들이 필요로 하는 정보를 제공하는 전통적 정보제공자, 즉 회계사를 요구하기 시작했다. 그것은 '자료(data)'가 아니라 '정보(information)'를 제공하는 것을 목표로 한다. 그리고 그것은 최고경영자를 위해 고안되었고, 최고경영자의 임무와 의사결정에 필요한 정보를 제공하기 위해 디자인되었다.

정보혁명은 교육과 의료 및 건강 분야도 혁신하고 있다. 다시 말하거니와 결국 개념의 변화는 최소한 도구와 기술의 변화만큼 중요한 것이다. 교육기술은 매우 심각한 변화를 겪고 있으며 그 변화는 교육의 구조까지도 크게 바꿀 것이라는 견해는 지금 일반적인 것이다. 예를 들어 원거리 학습(long distance learning)은 미국의 독특한 기관, 즉 독자적으로 운영되는 미국의 대학을 수십 년 내에 무용지물로 만들어버릴 수도 있다. 이런 기술적 변화가 교육의 의미를 다시 정의하도록 만들 것이라는 사실은 점점 분명해지고 있다. 그로 인해 도출되는 가능성 있는 결론은, 고등교육의 무게중심(즉 고등교육 과정 이후의 교육)은 성인들의 근로생활 시기 전체에 걸친 평생 전문교육으로 이동될 것이라는 전망이다. 그 다음에는 오프 캠퍼스(off campus) 교육으로 이동할 것이고, 그리고 다양한 새로운 교육장소로 이동해 갈 것이다. 예를 들어 집으로, 자동차로, 또는 출근길 지하철로, 작업장으로, 교회의 지하실로, 또는 소규모 집단이 몇 시간씩 만나는 학교 강당으로 말이다.

의료 건강분야에서도 비슷한 개념적 이동이 일어날 것이라고 본다. '건강'이라는 개념은 '질병과의 싸움'으로부터 '육체적 정신적 기능의 유지'라는 방향으로 바뀔 것 같다. 물론 질병과의 싸움은 의료 분야의 중요한 부분으로 남아 있겠지만 그것은 논리학자들의 표현으로 하면 부분집합에 지나지 않는다. 전통적인 의료·건강 제공자들이라고 할 수 있는 병원과 일반의사들은 이런 변화를 거스를 수 없을 것이며, 그리고 확실히 현재의 형태와 기능으로는 이런 변화를 극복할 수가 없다. 따라서 교육과 의료 및 건강 분야에서도, 기업의 경우와 마찬가지로, 강조점은 IT(information technology)의 'T'(technology)에서 'I'(information)로, 즉 기술혁명에서 정보혁명으로 이동할 것이다.

▎인터넷의 등장

컴퓨터들 사이의 연결을 의미하는 네트워크, 즉 인터넷의 등장은 여러 분야의 기술이 동시에 발달한 덕분이다. 그리고 과거 인쇄술, 철도, 자동차, 전화 등의 발명에 대해 한 인간의 영감과 노력이 필요했듯이 컴퓨터 역시 한 인간의 비전과 노력이 크게 기여했다.

1960년대 이후 컴퓨터는 메인프레임에서부터 미니컴퓨터와 PC로 빠르게 발달했다. 1965년 DEC에서 세계 최초로 미니컴퓨터 PDP8 시리즈를 발표했고, 1969년 벨연구소에서 미니컴퓨터의 운영체제인 UNIX를 개발했다. 1977년 애플에서 퍼스널 컴퓨터 APPLE Ⅱ를 발표했다. 1980년 IBM은 IBM PC용 운영체제를 MS에 개발해줄 것을 의뢰했는데, MS는 MS-DOS를 IBM에 제공했다. 1984년 애플에서 매킨토시를 판매하기 시작했다. 1989년 DEC는 범용 미니컴퓨터 VAX 9000시리즈를 발표했다. 1993년 MS에서 32비트 운영체제인 Windows NT 3.0을 발표했다.

월드와이드웹(WWW)에 대한 최초의 기록은 초기 컴퓨터가 탄생될 즈음인 1945년으로 거슬러 올라간다. 월드와이드웹이 탄생하기 전에도 서로의 정보를 공유하기 위해서 고퍼, 아키와 같은 다양한 인터넷 서비스가 있었다. 1957년 소련의 인공위성 스푸트니크에 대응하여 미 국무부 산하에 ARPA(Advanced Research Project Agency)가 창설되었고, 1969년 'ARPAnet'가 컴퓨터 네트워킹에 관한 연구를 시작했다. 결국 UCLA(University of California at LosAngeles)와 SRI(Stanford Research Institute)가 서로 네트워크를 통해 메시지를 주고받는 데 최초로 성공했다. 1973년 ARPAnet의 국제적 연결이 이루어졌고, 같은 해 로버트 메트칼프(Robert Metcalfe, 1946~)가 이더넷(Ethernet)에 관한 박사학위 논문을 제출했다. 1976년에는 엘리자베스 여왕이 이메일을 사용했다. 1984년 도메인 네임 시스템이 시행되었다.

1989년 유럽핵물리연구소(CERN)의 팀 버너스-리(Tim Berners-Lee,

1955~)는 기존 인터넷 서비스의 단점을 극복하고 전 세계에 널리 퍼져 있는 학자들과 정보를 공유하기 위해서 월드와이드웹(World Wide Web)을 최초로 제안했다. 1990년 버너스-리는 최초의 그래픽 웹브라우저 NeXT를 만들었고 1991년 'WWW'를 개발했다. 1994년 버너스-리는 월드와이드웹의 발전을 장려하고 공개기술을 개발하며 표준화를 위한 월드와이드웹콘소시엄(W3C)의 창설을 주도했다. 인쇄술, 전화, 라디오, TV, 컴퓨터 등이 기술발달 역사에서 전기를 마련한 것처럼 버너스-리가 고안한 웹도 특별한 위치를 확보했다.

1995년 2월 G7 연례회의가 브뤼셀에서 개최되었다. 기조연설을 맡은 남아프리카공화국의 타보 음베키(Thabo Mbeki, 1942~) 부통령은 "인간은 이 신기술로써 자신의 능력을 개발하고, 정치적 경제적 문화적 환경의 참된 실상을 인식하며, 세계를 향해 외칠 수 있어야 한다."고 주장했다. 월드와이드웹의 사명을 멋지게 표현한 선언문이었다. 1996년 넷스케이프에서 웹브라우저 네비게이터 3.0을 발표했다. 그리고 마이크로소프트에서도 MSN을 발표했다.

▌동구의 몰락과 소련의 해체 : 사회에 의한 구원의 종말

노동생산성 시대가 완료되고 지식생산성 시대로 넘어가는 최초의 시점을 1944년 제대군인 원호법이 통과된 시기였다고 본다면 전환기의 완성은 언제인가에 대해서는 다소 혼란이 있다. 하지만 정보와 지식의 확산으로 1989년 11월 9일 베를린 장벽이 붕괴되었고, 1991년 12월 25일 소비에트 연방이 해체되어 명실상부하게 마르크스 사회주의는 종말을 고했던 이때가 지식에 기초한 사회를 만드는 전환기의 완성시기라고 볼 수 있을 것이다. 에릭 홉스바움(Eric Hobsbaum, 1917~)은 20세기를 제1차 대전이 발발한 1914년에서 소련이 해체된 1991년까지라고 했다.

반면 도덕적으로, 정치적으로, 경제적으로 마르크스주의의 파산과 공산주의 정치체제의 붕괴는 1989년 널리 읽힌 프랜시스 후쿠야마의 논문 〈역사의 종말〉과 같은 것이 아니다. 자유시장에 대한 가장 충실한 신봉자들마저도 자본주의가 이겼다고 큰소리치기를 망설이고 있는 것이다.

그러나 1989년과 1991년의 사건들은 확실히 어떤 '한 역사의 종말'을 의미하는 것이기도 했다. 드러커는 이것을 《새로운 현실》에서 '사회에 의한 구원의 신념(the belief in salvation by society)'의 종말, 즉 국가와 사회가 평등을 기초로 한 지상의 유토피아를 개인에게 제공한다는 사상의 종말이라고 불렀다.

세속적 종교에 대한 최초의 예언자는 장 자크 루소였다. 마르크스주의적 유토피아는 그 최후의 모습이다. 국가나 사회가 개인을 구제해야 한다는 사상은 개인이 자신의 삶을 지탱할 수 없었던 고대, 중세, 산업사회에서는 당연한 것이었다. 고대 로마시대에 포퓰라레스는 프롤레타리아에게 빵과 서커스를 공짜로 제공했고, 중세시대에는 교회와 수도원이 그런 역할을 했다. 산업사회 초기시대에는 마르크스가 부자의 것을 빼앗으라고 선동했다.

그러나 테일러는 노동자가 좀 더 열심히 과학적으로 업무를 수행함으로써 생산성을 올려서 적은 노동시간으로 많은 소득을 올리도록 했다. 이것은 공산혁명을 무력하게 만들었던 것이다. 하지만 1929년,

전 세계로 확산된 대공황은 또 다시 빈곤의 문제를 기업에게 덮어씌움으로써 희생양을 원했다. 다시 국가와 사회가 나서야 한다는 주장이 나왔고 대표적인 경제학자는 바바라 우튼이었다. 그러나 그후 영국에서는 마가렛 대처(Margarel Thatcher, 1925~) 수상이 과감히 민영화를 추진하여 영국 경제를 부흥시켰다.

프랑스혁명 이후 '사회에 의한 구원'은 처음에는 서구에서 지배적인 신념이 되었고, 제2차 대전 후부터는 전 세계로 퍼져 나갔다. 그러나 '사회에 의한 구원'은 반종교적인 척했으나 결국 종교적 신념이었다. 그 목적 자체가 종교적인 것으로, '새로운 인간'을 창조하여 지상에 하느님의 왕국을 건설하려는 것이었다. 물론 그 수단은 비영성적이고, 술을 금했으며, 유태인을 죽이라고 했으며, 일반적인 정신분석 방식을 받아들였고, 사유재산을 철폐하는 것 등이었다.

100년 이상 동안 '사회에 의한 구원'을 약속해준 가장 강력하고 호소력 있는 세속적 신앙은 마르크스주의였다. 마르크스주의의 종교적 약속은 그의 이해하기 어려운 이데올로기와 점점 더 비현실적인 것으로 판명된 마르크스 경제학보다는 훨씬 더 강력한 매력을 갖고 있었는데, 특히 지식인들에게 그러했다. 거기에는 많은 이유들이 있었다. 예를 들면, 동유럽에 살고 있던 유태인들은 황제 치하의 러시아나 루마니아에서 그들이 받는 학대와 차별대우에 종지부를 찍을 것을 약속한 그 이념을 받아들였던 것이다. 그러나 그들 유태인들에게 준 가장 강력한 매력은 마르크스주의가 약속한 지상낙원, 즉 세속적 종교로서 마르크스주의가 지닌 호소력이었다.

경제체제로서 공산주의는 붕괴되고 말았다. 공산주의는 부를 창조하는 대신에 빈곤만 창조했다. 경제적 평등을 창조한 것이 아니라 미 증유의 경제적 특권을 누리는 각종의 노멘클라투라(nomenklatura)를 양산했다. 노멘클라투라는 사회주의 국가의 지배관료체제 또는 소련의 특권계급으로서 본인과 가족을 합쳐 약 300만 가량으로 추산되는데 높은 봉급, 고급 아파트와 별장을 보유하며 '다차족'이라고 불리기도 한다. 마르크스주의는 '새로운 인간'을 만드는 대신에 옛날의 '애념'을 디시 끌고나와서는 가장 형편없는 것으로 만들어버렸다. 부패, 탐욕, 권력욕, 질투와 상호불신, 독재와 음모, 거짓말, 도둑질, 고발, 그리고 무엇보다도 냉소가 만연하게 되었다.

사회체제로서 공산주의는 영웅들을 가지고 있었다. 그러나 신앙으로서의 마르크스주의는 단 한 명의 성인(聖人)도 갖지 못했던 것이다. 인간은 구원받을 수 없는 존재인지도 모른다. 확실히 신앙으로서 마르크스주의의 붕괴는 '사회에 의한 구원'이라는 신념의 종말을 의미한다. 다음에 무엇이 나타날지 우리는 모른다. 지금은 자본주의와 마르크스주의 둘 다 모두 빠른 속도로 새롭고도 매우 다른 사회로 대체되고 있는 중이다.

▌반테러리즘

1980년대 말 그리고 1990년대 초는 또 하나의 시대, 또 다른 하나의 '역사'에 종말을 고했다. 1989년 베를린 장벽의 붕괴가 마르크스주의와 공산주의의 몰락을 상징하는 결정적 사건이었다면, 1991년 2월 쿠웨이트를 침범한 이라크에 대항하기 위해 형성된 범국제적 동맹은 국제 정치무대에서 주권국민국가(sovereign nation state)가 중심적이었고 주역이었던 지난 400년간의 역사에 종지부를 찍는 결정적 사건이었다. 확실히 미래의 역사가들은 1991년 2월을 역사적인 날 가운데 하나로 평가할 것이다. 국가를 초월하는 이런 행동은 전례 없는 일이었다. 국민국가들이 하나도 이탈하거나 분열되지 않고, 개별국가의 감정이나 이익까지도 양보한 채 테러리즘에 대항하고자 하는 지구촌 공동의 목적을 위해 힘을 모은 적이 과거에는 한 번도 없었다. 즉 테러리즘을 해결하는 문제는 개별 주권국가의 정부에게 맡길 '정치적'인 것이 아니라는 사실을 전 세계적으로 인식한 적은 한 번도 없었던 것이다. 피터 드러커는 이런 현상에 대해 1993년 《자본주의 이후의 사회》에서 "테러리즘의 해결은 국가별 행동이 아니라 범국제적 행동을 요구하는 것이다."라고 주장했다. (드러커의 이런 지적은 오늘날 소말리아 해안에 출몰하는 해적에 대한 공동 대처를 상기시킨다.)

우리는 새로운 '미래사회'를 만드는 변화기에 있다

드러커는 1993년 《자본주의 이후의 사회》에서 이렇게 서술했다. "우리는 자본주의 시대와 주권국가의 사회적, 경제적, 그리고 정치적 역사를 재검토하고 수정해야 하는 새로운 자본주의 이후의 사회로 이미 진입했다. ……자본주의 이후의 사회의 모습을 예측하는 것은 위험한 일이다. 그렇지만 어떤 새로운 물음이 제기될 것인가, 그리고 어디에 커다란 새로운 문제점이 놓여 있을까 하는 것에 대하여, 우리는 벌써 어느 정도의 높은 확률을 가지고 발견할 수 있다고 생각한다. 하지만 대부분의 질문에 대한 '해답들'은 여전히 미래라고 하는 자궁 속에 깊숙이 숨겨져 있을 것이다."

우리가 확신할 수 있는 것 가운데 하나는 현재의 가치, 신념, 사회적 경제적 구조, 정치적 개념과 시스템, 세계관을 재조정하여 나타나는 새로운 세상은 오늘날 우리가 상상하는 그 무엇과도 다를 것이라는 점이다. 새로운 사회는 '비(非)사회주의 사회'일 것이며 '탈(脫)자본주의 사회'일 것이라는 점은 확실하다.

자본주의 사회는 두 개의 사회 계급에 의해 지배되었다. 하나는 생산수단을 소유하고 통제하는 자본가 계급이고, 다른 하나는 마르크스가 '프롤레타리아'라고 부른 소외되고 착취당하고 의존적인 노동자 계급이다. 전통적인 의미의 자본가 계급은 '전문경영자'로 대체되었다. 자본주의 이후 사회에서 자본가와 프롤레타리아를 대신할 계급은 지식근로자들(knowledge workers)과 서비스근로자들(service workers)이다. 이 개념에서 드러커는 노동자(laborer)와 근로자(worker)를 엄격히 구분하여 사용했다.

그러나 과거 프롤레타리아라고 불리던 사람들은 생산성 혁명의 결과 지금은 중산층이 되었다. 제조업 노동자들은 여전히 '노동'을 제공하고 있지만 더 이상 프롤레타리아가 아니다. 그들은 투표를 통해 선진국의 정치와 사회를 지배하고 있는 것으로 보인다. 그러나 제조업체의 블루칼라들은 수적으로는 물론이며 권력과 사회적 지위를 빠른 속도로 상실하고 있다.

정치에 있어서도, 우리는 400여 년 전부터 계속되어온 주권국민국가에서 다원주의 사회로, 즉 주권국가가 하나의 유일한 정치적 통합체가 아니라 다원사회의 한 요소가 되는 사회로 이미 들어섰다. 주권국가는 비록 여전히 핵심 요소지만 탈자본주의 정치체제의 요소에 지나지 않게 될 것이다. '탈자본주의 정치체제(post capitalist polity)' 속에는 범국제적 조직, 지역적 조직, 주권국가와 지방정부, 종족적 조직, 각종의 여러 조직들이 서로 경쟁하고 또한 공존한다. 이런 일들은 벌써 일어나고 있다.

'시장'은 경제적 활동의 효과적인 통합자로 확실하게 남아 있을 것이다. 그러나 선진국 사회는 빠른 속도로 새로운 계급들의 사회, 그리고 사회의 핵심으로서 새로운 자원을 가진 사회로 변하고 있다.

국민국가가 '시들어가는' 것은 아니다. 국민국가는 앞으로도 계속 가장 강력한 정치적 기관으로 남아 있을지도 모른다. 그러나 이제 더 이상 필수불가결한 것은 아닐 것이다. 국민국가는 국가의 다른 공공기관들, 다른 기구들, 다른 정책수립가들과 권력을 나누어 가질 것이다. 그러면 국민국가의 영역으로 남는 것은 무엇일까? 자치기구로서 국가 안에서 수행되는 것은 무엇인가? '초국가'란 무엇인가? '범국제'란 무엇인가?

앞으로 인권을 감시하고 그것을 강요할 수 있는 범국제적 기관도 필요하다. 지미 카터(Jimmy Carter, 1924~)는 1970년대 대통령 재직시절 분명히 그러한 기관의 설립을 지지했다. 그러한 국제적 기관이 실질적으로 당면할 수 있는 위험, 즉 범국제적 조치가 인종적, 종교적, 정치적, 민족적 박해를 막지 못하면 부유한 선진국들은 밀려드는 수백만 명의 피난민들 홍수 속에 침몰돼 버릴지도 모른다는 것이다. 이것은 선진국들이 제3세계의 성장에 관심을 가져야 하는 이유이기도 하다. 제3세계가 경제적으로나 사회적으로나 빠르게 성장하지 않으면 선진국들은 제3세계로부터 밀려오는 인간 홍수를 감당하지 못할 것이다.

역사의 종말이 가까이에 왔다고 하면서 자신을 속이는 사람은 유쾌

하지 않은 돌발사건에 부딪히게 된다. 예를 들면 고르바초프(Mikhail Sergeyevich Gorbachyov, 1931~)의 영도 하에 러시아제국이 소생할 것으로 단정했다가, 그 다음에는 옐친(Boris Nikolayevich Yeltsin, 1931~2007)에 의해 '과거 소연방 국가들로 구성된 독립국 연합'의 성공을 기대하도록 함으로써 조지 부시(George Herbert Bush, 재임, 1989~1993) 대통령을 괴롭힌 것과 같은 종류의 불유쾌한 뜻밖의 사건이 그러하다. 제임스 매클렐란 3세와 해럴드 도른은 이렇게 말한다.

"오늘날 우리는 '과학의 종말'에 관한 이야기를 종종 듣는다. …… 그러나 생물학이나 물리학이나 우주론 또는 아직 아무도 모르는 다른 분야에 어떤 문제가 잠재해 있는지 알 수 없다. ……과학사가 주는 한 가지 교훈은 당대의 과학이론은 사실상 전부 실패했고, 더 나은 이론으로 대체되었다는 것이다."

미래 역사는 어떤 모습일까 하는 것은 이 시대의 지식인들과 주도적 기업인들과 정치인들에게 달려 있기도 하지만, 무엇보다도 우리들 각자가 일과 인생을 어떻게 끌고 가야 하는가에 달려 있다. 확실히 지금은 미래를 준비해야 할 때다. 구체적으로 말하면 모든 것이 소용돌이 속에 있다. 드러커는 이렇게 말했다. "미래를 예측하는 가장 좋은 방법은 그 미래를 만들어 버리는 것이다."

01. 프리드리히 율리우스 스탈: 보수주의적 국가이론과 역사발전
    Friedrich Julius Stahl. Konservative Staatslehre und Geschichtliche Entwicklung, 1933

02. 경제인의 종말: 전체주의의 기원 *
    The End of Economic Man: The Origins of Totalitarianism, 1939

03. 산업인의 미래
    The Future of Industrial Man, 1942

04. 기업의 개념
    Concept of the Corporation, 1946

05. 뉴 소사이어티: 산업질서의 해부
    The New Society: The Anatomy of Industrial Order, 1950

06. 경영의 실제 *
    The Practice of Management, 1954

07. 미국의 다음 20년
    America's Next Twenty Years, 1955

08. 내일의 이정표: 새로운 포스트모던 세계에 대한 보고서
    Landmarks of Tomorrow: A Report on the New "Post-Modern" World, 1957

09. 기술, 경영, 사회
    Technology, Management and Society, 1958

10. 창조하는 경영자 *
    Managing for Results, 1964

11. 자기경영노트(목표를 달성하는 경영자) *

   The Effective Executive, 1966

12. 단절의 시대: 변화하는 우리 사회를 위한 지침서 *

   The Age of Discontinuity: Guidelines to Our Changing Society, 1968

13. 인간, 아이디어, 정치

   Men, Ideas and Politics, 1971

14. 매니지먼트: 경영의 과업, 책임, 실제 **

   Management: Tasks, Responsibilities, Practices, 1973

15. 보이지 않는 혁명 – 어떻게 연금기금 혁명이 미국에서 일어났는가?

   The Unseen Revolution—How Pension Fund Socialism Came to Ameriaca, 1976(1977 재판)

16. 경영학 서설

   An Introductory View of Management, 1977

17. 경영 사례

   Management Cases, 1977

18. 사람과 성과

   People and Performance: The Best of Peter Drucker on Management, 1977

19. 방관자의 모험

   Adventures of a Bystander, 1978

20. 붓의 노래

   Song of the Brush: Japanese Painting from the Sanso Collection, 1979

21. 격변기의 경영

   Managing in Turbulent Times, 1980

22. 새로운 경제학에 대해

   Toward the Next Economics and Other Essays, 1981

23. 변모하는 경영자 세계

   The Changing World of the Executive, 1982

37. 에센셜 드러커: 프로페셔널의 조건 · 변화리더의 조건 · 이노베이터의 조건 *

The Essential Drucker: In One Volume the Best of Sixty Years of Peter
Drucker's Essential Writingson Management, 2001

원제는 《에센셜 드러커》이지만 일본과 한국에서는 《프로페셔널의 조건》
《변화리더의 조건》《이노베이터의 조건》《미래경영》으로 분리 출판되었다

38. 넥스트 소사이어티 *

Managing in the Next Soceity, 2002

39. 경영의 지배 *

*A Functioning Society: Selections from Sixty-Five Years of Writing on
Community, Society and Policy, 2003*

* 필자가 번역한 책, ** 필자가 감수한 책, *** 필자가 번역 중인 책

피터 드러커의 역사관

지식역사

지은이 | 이재규
펴낸이 | 김경태
펴낸곳 | 한국경제신문 한경BP
등록 | 제 2-315(1967. 5. 15)

제1판 1쇄 인쇄 | 2009년 11월 20일
제1판 1쇄 발행 | 2009년 11월 25일

주소 | 서울특별시 중구 중림동 441
홈페이지 | http://www.hankyungbp.com
전자우편 | bp@hankyung.com
기획출판팀 | 3604-553~6
영업마케팅팀 | 3604-595, 555   FAX | 3604-599

ISBN 978-89-475-2732-3   03320
        978-89-475-2729-3(세트)
값 12,000원